21世纪以来瓷窑址考古的新进展

郑建明 著

文物出版社

北京 · 2019

图书在版编目（CIP）数据

21世纪以来瓷窑址考古的新进展 / 郑建明著. -- 北
京：文物出版社，2019.12
ISBN 978-7-5010-6418-2

Ⅰ.①2… Ⅱ.①郑… Ⅲ.①瓷窑遗址—中国—文集
Ⅳ.①K878.54-53

中国版本图书馆CIP数据核字(2019)第260381号

21世纪以来瓷窑址考古的新进展

著　　者：郑建明

责任编辑：王　媛　谷艳雪
封面设计：王文娴
责任印制：张　丽
责任校对：李　薇

出版发行：文物出版社
社　　址：北京市东直门内北小街2号楼
邮　　编：100007
网　　址：http：//www.wenwu.com
邮　　箱：web@wenwu.com
经　　销：新华书店
印　　刷：河北鹏润印刷有限公司
开　　本：710mm×1000mm　1/16
印　　张：12
版　　次：2019年12月第1版
印　　次：2019年12月第1次印刷
书　　号：ISBN 978-7-5010-6418-2
定　　价：128.00元

目 录

原始瓷窑址考古新进展

原始瓷是原始瓷器的简称，是处于发展初级阶段的瓷器，它出现于夏代晚期，成熟于商代早期，初步发展于西周早期，兴盛于战国早期，战国晚期衰落[1]。其分布遍及北方地区的河南、河北、山东、山西、甘肃和南方地区的浙江、江苏、江西、湖北、湖南、福建、广东等地，主要集中于浙江以及与浙江相邻的江苏南部、安徽东南部、江西东北部、福建西北部等地区，广泛出土于夏商至战国时期的墓葬、遗址中。器形中礼器占相当比例，包括尊、豆、鼎、簋、卣、提梁盉、鉴等。战国时期出现仿青铜的甬钟、镈钟、錞于、句鑃、钲等乐器和兵器、工具、农具，几乎遍及青铜器除车马器外的各个门类。此外也有部分日用器存在。

原始瓷是中国乃至全世界最早的瓷器，对探索瓷器的起源具有重要意义。21 世纪以来，原始瓷窑址考古主要围绕以浙江德清为中心的东苕溪流域展开，此外在浙江萧山以及福建武夷山、德化、永春等地也进行了一定规模的发掘。

一、浙江以德清为中心的东苕溪流域原始瓷窑址考古工作

21 世纪以来对东苕溪流域原始瓷窑址进行正式的考古发掘始于 2007 年的火烧山窑址。火烧山窑址是一处西周末期至春秋时期烧造原始青瓷的古窑遗址，

---

[1] 战国晚期原始瓷衰落以后至东汉晚期以上虞大园坪、小仙坛等窑址产品为代表的成熟青瓷出现以前，在浙江一带流行一种青釉器物，其釉接近于商周原始瓷，但胎质有较大的变化，传统上称之为高温釉陶，也有部分学者称之为原始瓷。此类器物无论是胎、釉还是器形均与商周原始瓷有较大差别，其与商周原始瓷的传承关系有待进一步研究。

2007 年 3~5 月，浙江省文物考古研究所、故宫博物院、德清县博物馆组成联合考古队，对窑址进行了抢救性发掘，发现了窑炉、灰坑、柱洞等大批遗迹及包括鼎、罐、卣、尊、碗、盘等器物在内的大量精美标本。该窑址堆积极厚，地层叠压关系明显，器物早晚变化清晰，不仅从地层学上印证了以往学者对原始瓷器物的早晚排序和分期断代，而且在此基础上进一步细化，基本建立了自西周晚期至春秋晚期原始瓷器物的年代标尺。同时，火烧山窑址的产品极其丰富，出土了一大批包括卣（彩图一：1）、鼎、簋在内的仿青铜礼器产品，为江南大型土墩墓中出土的此类器物找到了原产地。从窑业技术上看，该窑址出土的西周晚期至春秋早期的器物器形巨大，胎釉质量上佳，装饰繁缛而精美，此类大型青瓷器的烧造成功，代表了制瓷技术的重大飞跃。[1]

2007 年 9 月 ~2008 年 4 月，带着探索原始瓷礼乐器产地这一学术问题，浙江省文物考古研究所会同德清县博物馆对亭子桥窑址进行了发掘[2]，收获主要有以下三个方面：第一，就整个南方地区乃至全国来说，亭子桥窑址是首次发现的烧造高档次仿青铜原始青瓷礼器与乐器的窑场，这在全国瓷窑址考古方面是一次极其重大的发现；第二，亭子桥窑址所见产品器类，几乎囊括了江浙地区大型越国贵族墓中已出土的各类原始青瓷礼器与乐器，为这些仿青铜原始青瓷礼器与乐器找到了明确的原产地和窑口；第三，亭子桥窑址出土的许多原始青瓷器的质量已达到了成熟青瓷的水平，对于重新认识战国原始青瓷在成熟青瓷出现过程中的重要地位与作用有极其重要的学术意义（彩图一：2）。

2008 年 12 月 ~2009 年 1 月，浙江省文物考古研究所与德清县博物馆又对邻近亭子桥窑址的长山战国原始瓷窑址进行了抢救性发掘，揭露面积近 400 平方米，清理窑炉两处四条，出土大量的精美标本。原始瓷产品绝大多数质量上乘：胎质细腻坚致，胎釉结合极佳，施釉均匀，釉色青翠或青色，玻璃质感强，无论胎或釉都几近晚期的成熟青瓷。器形除作为实用器的碗外，还有相当数量的礼乐器，如鼎、瓿、罐、甬钟、錞于、句鑃等。

通过三次发掘，浙江省文物考古研究所充分认识到瓷器起源研究的重要

---

[1] 浙江省文物考古研究所等：《德清火烧山——原始瓷窑址发掘报告》，文物出版社，2008 年。
[2] 浙江省文物考古研究所等：《德清亭子桥——战国原始瓷窑址发掘报告》，文物出版社，2011 年。

性，于2009年成立了以省考古所为主，包括相关地县单位在内的"瓷之源——浙江早期瓷窑址考古调查、发掘与研究"课题组，重点探索中国瓷器的起源，包括原始瓷的起源与成熟青瓷的起源两大问题，其中前期重点开展浙北以德清为中心，包括湖州市区南部地区在内的东苕溪流域先秦时期原始瓷窑址的调查与研究。

2009年3~6月，"瓷之源"课题组对德清龙山地区窑址进行了第一次专题调查，范围主要是德清龙山窑址群的核心地区，西起火烧山，东至冯家山，北自跳板山，南及鸡笼山，调查取得了丰硕成果。

一是新发现大量窑址，德清地区的窑址数量超过了70多处。窑址的分布十分密集，集中在面积约10平方千米的范围内，其中最密集的亭子桥、下漾山、窑坞里、下南山等区域整体面积仅5平方千米左右。众多窑址的发现基本建立了原始瓷器物从商代至战国时期更完整的年代序列，为进一步深入探索青瓷起源提供了大量的标本材料。

二是在德清地区首次发现数处商代窑址。本流域商代窑址原先仅在湖州南郊的黄梅山等地有少量发现，此次又在德清发现，并且在数量上有较大突破，达到近10处地点。两地窑址在产品上有较大的区别，黄梅山窑址产品以原始瓷为主，器形主要有豆、罐、钵等；德清地区商代窑址产品以印纹硬陶为主，主要是器形巨大的坛、瓮等，有少量的原始瓷，器形主要是豆。

2010年3~10月，浙江省文物考古研究所与湖州市博物馆对湖州南郊的南山窑址进行了抢救性发掘。这是商代一处几乎纯烧原始瓷的窑场（彩图一：3），时代上限可到商代早期甚至更早。窑址地层堆积丰富，窑炉保存完整（插图一），瓷土作胎，人工施釉痕迹明显，制作装烧工艺较为成熟。此次发掘对于探索中国瓷器的起源、初步建立太湖地区商代原始瓷编年、深入研究江南商代考古学文化及北方出土原始瓷产地等问题具有重要意义。[1]

2010年11月~2011年7月，"瓷之源"课题组对湖州南部，主要是南山窑址所在的青山地区及其与德清龙山地区之间的东苕溪沿岸进行了专题调查，在南山窑址周边发现了20多处几乎纯烧原始瓷的商代窑址，同时在龙山窑址群东部边缘新发现夏及夏商之际的瓢山、北家山、青龙山等窑址。

---

[1] 浙江省文物考古研究所等：《东苕溪流域夏商时期原始瓷窑址》，文物出版社，2015年。

插图一　湖州南山窑址商代龙窑炉遗迹

2012 年 5~6 月、7~8 月分别对湖州瓢山窑址和德清尼姑山窑址进行了抢救性发掘，揭露了窑炉等遗迹现象，出土了丰富的产品标本（彩图一：4），全面系统地揭示了窑址的内涵。产品主要是硬陶，胎质较粗而疏松，胎色极深，多数器物通体拍印粗大的曲折纹。少量素面器物的局部，主要是朝向火膛一侧的局部范围内有黑褐色的釉，釉色深、釉层薄、施釉不均、分布范围不大，从胎、釉种种迹象分析，这应该是一种处于初始阶段的釉。瓢山窑址的时代约相当于中原地区的夏代晚期，而北家山则在夏商之际。瓢山窑址的发现与发掘，以及周边北家山等窑址的发现，是原始瓷起源研究上的又一重大进展。[1]

2012~2014 年，"瓷之源"课题组连续三年对德清境内龙山窑址群外围地区进行了调查，新发现窑址 30 多处，使整个窑址群的窑址数量达到了 140 多处。

至此，东苕溪流域先秦时期原始瓷窑址的分布范围及其面貌基本清晰。

---

[1] 浙江省文物考古研究所等：《东苕溪流域夏商时期原始瓷窑址》，文物出版社，2015 年。

二、其他地区的原始瓷窑址考古工作

主要有浙江萧山的鞍山窑址，福建武夷山的竹林坑窑址、永春苦寨坑与德化辽田尖山窑址等。

鞍山窑址位于浙江省杭州市萧山区进化镇鞍山，清理龙窑两条，原始瓷器与印纹硬陶合烧。原始瓷以碗、盘、碟、钵类日用器物为主（彩图一：5），不见大型的礼器与乐器类产品。印纹硬陶则多为罐、坛类器物，纹饰较为单一，以方格纹、重回字十字交叉纹、米筛纹、菱形填线纹等为主。使用龙窑烧造，窑炉较为成熟，空间使用合理，以萧山为中心的浦阳江流域也是早期龙窑的重要分布区域。时代从春秋中晚期开始，持续到战国时期[1]。

德化辽田尖山与永春苦寨坑相距极近，同属于一个窑址群。辽田尖窑址于 2015 年发掘，苦寨坑窑址于 2016 年发掘，两窑址面貌基本一致，龙窑烧造，原始瓷器与印纹硬陶合烧，以印纹硬陶为主。原始瓷器形主要有罐与豆等（彩图二：1），胎呈灰白色，胎质略松，施青黄色釉，釉层薄而均匀，玻璃质感强。流行纹饰装饰，主要有绳纹、篦点纹、圆圈纹，以及堆贴、泥条耳等。绳纹一般位于罐类器物的腹部，通体纵向拍印；圆圈纹作为绳纹等纹饰的复合装饰出现，多位于器物的肩颈部；弦纹多为堆贴的凸弦纹，位于器物的肩部，起辅助作用；耳多作桥形，较宽，耳面作多道凸棱。经北京大学加速器质谱实验室测试，发掘者认为苦寨坑窑址年代最早为公元前 1749 年，最晚为公元前 1497 年[2]。但从产品的器形、装饰以及原始瓷的胎釉特征来看，其时代应为商代晚期至西周早期。

武夷山窑址目前发现七处[3]，其中竹林坑一号窑址经过发掘[4]，清理

---

[1] 浙江省文物考古研究所：《萧山鞍山窑址》，见《浙江考古新纪元》，科学出版社，2009 年。

[2] 福建博物院等：《德化县辽田尖山原始瓷窑址发掘简报》，《福建文博》2016 年第 1 期；羊泽林：《福建泉州辽田尖山、苦寨坑原始青瓷窑址》，《大众考古》2016 年第 11 期；羊泽林：《福建永春苦寨坑发现原始瓷窑址》，《中国文物报》2017 年 3 月 10 日第 8 版。

[3] 武夷山窑址数量由福建博物院羊泽林先生提供，深表谢意。

[4] 赵爱玉等：《武夷山市竹林坑西周原始青瓷窑址调查简报》，《福建文博》2011 年第 1 期；福建博物院等：《武夷山市竹林坑一号原始瓷窑址发掘简报》，《福建文博》2012 年第 3 期；福建博物院：《武夷山市竹林坑一号原始青瓷窑址 2014 年度考古发掘收获》，《福建文博》2015 年第 1 期。

窑炉一条，属洞穴斜坡式龙窑，分火膛、火道、窑室三部分。其中火膛较宽，窑室较窄，窑室尾部两侧各有一个烟道，呈斜坡状通向地表。产品以原始瓷为主，有少量的陶器。原始瓷主要是各种豆（彩图二：2）。胎多呈灰色或灰白色，含较多细砂及小孔。釉多呈青黄色，薄而均匀，内外施釉，剥釉现象较严重。装饰较为普遍，以豆盘内篦划纹较为常见，豆盘外腹则普遍施以弦纹，口沿下有圆形小饼堆贴。时代为西周早期。

三、主要收获与认识

1. 发现了以德清为中心的东苕溪流域庞大的原始瓷窑址群

从全国先秦时期原始瓷窑址考古新收获来看，浙江是这一时期窑业的绝对中心，窑址数量占据全国的 90% 以上，且主要分布于两个地区：以德清为中心的东苕溪流域与以萧山为中心的浦阳江流域，其中又以东苕溪流域为主。浦阳江流域先秦时期的窑址数量比较少，只有 20 多处，且时代晚，基本为春秋晚期至战国早期，产品类型单一，主要是印纹硬陶与日用的碗、盘、碟类原始瓷，是东苕溪流域窑址群的重要补充。

东苕溪流域先秦时期原始瓷窑址目前共发现 140 多处（插图二），从分布上来看，可以分成两个窑址群：德清龙山窑址群与湖州青山窑址群。龙山窑址群目前发现 120 多处窑址，青山窑址群目前发现 20 多处窑址。

德清龙山窑址群主体位于今德清县武康镇的东北部地区，同时包括洛舍镇的西部边缘和湖州市埭溪镇的南部边缘（插图三）。窑址核心主要分布在武康镇龙胜村内，北到泉源坞、南到火烧山、西到塘坞、东到安全山，共分布着 110 多处窑址。这里地处东苕溪西岸，是西部高大的天目山脉向东部广阔的杭嘉湖河网平原过渡的丘陵地带，区域内低山起伏，河湖纵横，几乎每一个窑址均有古河道与之相通，因此运输相当便利。德清龙山窑址群从商代开始，历经西周、春秋、战国各个时期，连绵不绝，基本不曾间断。这是目前已知窑址出现时间最早、持续时间最长、序列最完整的窑址群。

东苕溪流域先秦时期原始瓷窑址产品不仅质量上乘，而且档次高，原始瓷礼乐器主要在这一区域烧造。从夏代原始瓷出现开始，礼器即已成为其主要门类，如商代各种类型的豆占了绝大多数。经过西周早中期与西周末期至

插图二　东苕溪流域先秦窑址分布图

插图三　德清龙山片区窑址群远眺

春秋早期两个大的发展时期以后，原始瓷在战国早中期达到了其发展的顶峰。器物种类极其丰富，除一般的碗、盘、杯、盅、盂、钵、盒、碟等日用器外，还大量生产仿青铜礼器和乐器，以及少量的兵器与工具。礼器器形有鼎、豆、尊、簋、盆、盘、甗、提梁壶、提梁盉、镂孔长颈瓶、罍、罐、壶、钫、鉴、冰酒器、温酒器、烤炉、镇、匜等；乐器有甬钟、钮钟、镈、錞于、句鑃、缶、悬鼓座、钲、磬等；兵器有戈、矛、斧、钺等；工具有锛、凿等。同一器类往往有多种器形，造型丰富多彩，极富变化。这一时期的器物多体形硕大厚重，造型工整端庄，做工精巧细致，无论是成型工艺、烧成技术还是产品质量，都堪称原始青瓷中的精品。

湖州青山窑址群位于德清龙山窑址群的下游，两地直线距离不足10千米。青山窑址群地处湖州市南郊原青山乡范围内，因此名之，今隶属于湖州市吴兴区东林镇。窑址群的主体位于现青山、南山、青莲诸村内，有窑址20多处，按产品差异分为两种类型：一类接近于龙山窑址群的水洞坞类型，以印纹硬陶为主，器形主要是大型罐或坛类器物，胎多呈橘红色，云雷纹方正规则，排列整齐。另一类几乎纯烧原始瓷，称为南山类型，产品主要有豆、罐及盖、尊等。时代初步判定均为商代，最早从商代早期开始，一直延续到商代晚期。

以德清为中心的东苕溪流域先秦时期原始瓷窑址具有以下几个方面的特征：

一是出现时间早、持续时间长。本地区从夏商时期开始出现窑址，历经西周、春秋，至战国时期，基本不曾间断，是目前国内已知出现时间最早、持续时间最长的先秦时期窑址群。

二是窑址密集、生产规模大。从目前已掌握的材料来看，这一地区先秦时期的窑址不仅发现数量多，有140多处，而且许多窑址如德清亭子桥窑址分布面积超过1500平方米，堆积层厚，出现了晚期窑址中常见的纯瓷片层堆积（插图四），产品产量已达到了相当的规模。

三是产品种类丰富。除生产日用的碗、盘、碟类器物外，还大量烧造象征身份与地位、具有特殊意义的仿青铜礼器和乐器，而这些大型原始瓷礼乐器的生产目前仅见于东苕溪流域。

四是产品质量高。尤其是战国时期，许多产品体形硕大、制作规整、胎质坚致细腻、釉色青翠匀润、施釉均匀、玻璃质感强，几乎可以与东汉以来的青瓷相媲美，标志着原始瓷已完全成熟，这也是原始瓷发展的最高峰。

五是龙窑的起源与成熟。东苕溪流域是烧造瓷器的龙窑起源并发展成熟的地区。夏商时期，瓢山、南山窑址出现最早烧造瓷器的龙窑，但尚具有相

插图四 战国亭子桥窑址瓷片层

当的原始性，处于龙窑发展的起源阶段。经过西周春秋时期的发展，到了战国时期的亭子桥窑址，龙窑已基本成熟。

六是窑具形态各异，装烧工艺成熟。春秋时期大量出现作为间隔具的托珠，形体小，制作精细，可有效地保护釉面。战国时期则大量涌现各种支烧具，成功解决了窑炉底部器物生烧的问题，使瓷器质量有了巨大的飞跃。

七是独立窑区的出现。本地区自夏商时期即形成独立的窑区，而不再依托于生活遗址中，并且有相当的规模，说明制瓷业已完全作为一个独立的手工业门类存在。

综上所述，东苕溪流域先秦时期原始瓷窑址群，无论是生产时间、窑址规模，还是产品种类、产品质量、装烧工艺等，在全国都是独一无二、一枝独秀的，在中国陶瓷史上占有非常重要的地位，是中国制瓷史上的第一个高峰，为汉代成熟青瓷的出现打下了坚实的技术基础。东苕溪流域是研究原始瓷起源、探索"瓷之源"的最理想区域，这也是探索成熟青瓷起源的先决条件。

2. 确定了瓷器起源的时间、地点与过程等

从目前的考古材料来看，处于起源阶段的原始瓷窑址均集中在东苕溪流域，至少有三个代表性类型：瓢山类型、北家山类型与南山类型。从产品的胎、釉、器形以及成型、装烧等工艺上看，这三个类型可能构成了一个连续的发展脉络，其中瓢山最早，南山早期最晚，北家山介于两者之间，具有承上启下的桥梁作用。

归纳起来，瓢山、北家山、南山三个类型窑址的变化如下：产品类型上，从原始瓷与印纹硬陶合烧、比例相当，逐渐过渡为以原始瓷为主、偶见印纹硬陶；胎从以灰黑色较疏松为主，逐渐胎色变浅、胎质致密，最后以浅灰或青灰色细密胎为主；釉从以深色局部有釉为主，过渡为以青色满釉为主，最后则基本不见深色的釉；成型上，轮制与手工修整相结合或以手工制结合轮修；装烧上，早期印纹硬陶叠烧以增加产量，到南山早期解决了釉的黏结问题，原始瓷亦使用多件叠烧工艺以提高产量；装饰上，原始瓷与印纹硬陶无论是纹饰内容还是装饰技法均有本质的区别。

南山窑址有多个碳十四测年数据，纵贯整个商代，与地层分期相吻合，

早期为商代早期，晚期与殷墟接近。瓢山窑址的年代当在夏代晚期前后。北家山窑址的年代介于南山窑址和瓢山窑址之间。因此瓷器的起源基本可以上溯至夏代晚期前后。[1]

通过多年的考古调查，东苕溪流域夏商西周时期各类型遗存的分布逐渐清晰：以下菰城为中心；紧邻下菰城东北面的是钱山漾、基山、昆山等大型遗址，东边开阔的河网区是大量的中小型遗址；苕溪西岸的低山上分布着大量的土墩墓；西南边不远处的青山原始瓷窑址群是最重要的手工业区。下菰城几乎处于区域内各种类型遗址的中心位置。不同区域按其地理环境有不同的功能分区，显然是经过精心规划并严格布局的。

下菰城一带是政治中心，而青山一带的夏商时期原始瓷窑址群正是围绕这一政治中心布局的，是严格规划的格局中的重要一环，是马桥文化时期最重要的手工业生产基地，也是商代中期以前独立于居址之外的唯一的一种手工业门类。其产品主要流向作为政治中心的下菰城以及周边昆山等大型遗址与东苕溪岸边的高等级土墩墓。原始瓷器是本地区象征身份与地位的显赫物品，它的烧造是本地区经历了良渚文化的高度发达及钱山漾文化的低谷后，伴随着环太湖地区社会再次复杂化的进程作为显赫物品而开始的。

四、问题与展望

西周早期是原始瓷发展的第一个高峰，南北方的遗址与墓葬中均出土了较大数量的原始瓷器，器形以多种类型的豆为主，亦有尊、罐、簋、罍、瓶、壶、盉、杯等，胎釉质量完全成熟，胎灰白坚致，施釉薄而均匀，玻璃质感强。尤其是北方地区，是整个先秦地区出土原始瓷最多最丰富的一个时期。较之夏商时期，这一时期的原始瓷无论是产量还是质量均有巨大的飞跃。然而这一时期的原始瓷窑址仅在福建的武夷山与德化有少量发现，作为窑业中心的浙江地区则几乎不见。武夷山竹林坑窑址数量不多，且单个窑址的生产规模不大，完全无法支撑起西周早期的庞大需求。在浙江长兴曾发现过西周早期的印纹硬陶窑址，以生产各种高质量的印纹硬陶为主，偶见少量的原瓷豆类

---

[1]沈岳明、郑建明：《原始瓷起源研究论文集》，文物出版社，2015年。

标本。[1]这些发现与江南地区土墩墓中大量出土西周早期原始瓷及自商代以来原始瓷与印纹硬陶烧造几乎完全分开的状况完全不符，因此生产西周早期原始瓷的应该另有其他窑址。

关于原始瓷的起源，虽然目前仅在浙江北部的东苕溪流域发现了成序列、成规模的原始瓷窑址，但是以河南郑州商城为代表的商代早期原始瓷、以江西吴城文化为中心的商代中晚期原始瓷等，都与浙江发现的原始瓷产品存在巨大的差别。而粤东闽北浮滨文化出土的带釉类器物，浦城猫耳弄山夏商陶窑群的发现，以及浙闽赣三省交界处独立文化圈的存在，无不预示着除东苕溪之外的其他地区也有夏商时期窑址存在。这些均需要日后的考古工作来进一步推进。

（本文原刊于《文物天地》2018 年第 7 期）

---

[1] 郑建明等：《浙江长兴发现龙山西周早期印纹陶礼器窑址》，《中国文物报》2010 年 12 月 17 日第 4 版。

秦汉至南北朝时期瓷窑址考古新进展

秦汉至南北朝时期是中国成熟瓷器起源与发展的第一个高峰，从目前考古材料来看，这一时期的窑业主要集中在浙江地区，以上虞曹娥江流域为中心的早期越窑，无论是窑址数量、窑场规模还是产品质量，均居于窑业中心的地位。此外，在包括萧山、绍兴、诸暨、余姚、慈溪、宁波等在内的整个宁绍平原，均有这一时期的窑址分布。作为德清窑分布区的德清、余杭两地，是浙江省内仅次于曹娥江流域的窑业重点分布区。温州、台州等瓯窑分布区亦有一定数量的窑址发现。浙江省外这一时期的窑业主要有江西的洪州窑、湖南的岳州窑等。

一、上虞曹娥江流域的瓷窑址考古工作

20 世纪 70~80 年代，为了编写《中国陶瓷史》（中国硅酸盐学会编，文物出版社 1982 年出版），在上虞曹娥江流域曾进行过较详细的考古调查与重点发掘工作，共发现窑址 120 多处，其中汉六朝时期的窑址 90 多处，并确定了小仙坛窑址是东汉成熟瓷器的起源地。

21 世纪以来，为了编写新版《中国陶瓷史》及探索成熟瓷器的起源，在这一地区重新启动了全面的考古工作，完成了对这一区域的系统调查及重点窑址的发掘工作。

1. 窑址发掘

主要包括 2004 年大园坪汉代窑址、2006 年尼姑婆山东吴时期窑址、2010 年东汉至西晋时期窑址、2015 年凤凰山东吴时期窑址发掘等。

（1）大园坪窑址

大园坪窑址位于绍兴市上虞区上浦镇石浦村的四峰山南麓，南距著名的小仙坛窑址 200 余米，揭露龙窑两条，获取了大量瓷器标本（彩图三：1）。青瓷产品主要有碗、钵、洗、锺、瓿、罍、虎子、托盘、鬼灶、五管瓶等，多数产品胎釉质量极高，完全具备成熟瓷器的物理特征，从而确证了今曹娥江中上游一带是中国成熟瓷器的诞生地。大园坪窑址既有考古成果所揭示的深度与广度已远远超出当年对小仙坛窑址进行的地面调查与采集，对了解这一时期的窑业面貌具有重要意义。[1]

（2）凤凰山窑址与尼姑婆山窑址

凤凰山窑址与尼姑婆山窑址均位于凤凰山窑址群内，两者相距 200 米左右。该窑址群位于绍兴市上虞区上浦镇大善村北的凤凰山东南麓，北边距小仙坛窑址约 2500 米，是东吴至西晋时期的典型窑址群。[2]

两窑址各揭露窑炉一条，出土了大量高质量、高档次的成熟青瓷器。

窑炉均为长条形斜坡状龙窑，保存较为完整。包括火膛、窑床、窑尾等结构。火膛较大，平面形状接近横向的长方形，窑床与火膛之间形成垂直的断坎，窑底铺垫一层较厚的沙层。窑炉内发现大小高低不一的各种形态的支烧具和少量的间隔具。

其中凤凰山窑炉与以往发现的窑炉窑尾与窑床之间有一道极高断坎的结构完全不同，窑床处呈弧形向窑尾过渡，断坎之上平坦的贮烟室消失，窑床铺沙一直延续到排烟孔位置。这种结构与后期唐宋时期越窑的龙窑更为接近，不仅节约了窑内的空间、提高了装烧量，而且在建造亦更加简便，代表了龙窑技术的不断提高，对探索汉代以来窑炉结构向唐宋时期更加成熟的龙窑演变具有重要的作用。

两窑址器物种类相当丰富，以碗、罐、盆、洗、盘口壶等为主，亦包括双唇罐、鸡首壶、唾壶、盂、钵、镰斗与火盆、砚台、罍、器盖、狮形烛插、蛙形器（彩图三：2）、灯、虎子、簋、盘、俑、樽（彩图三：3）、纺轮、堆塑等近 30 种器类，每种器类又有多种器形。除碗类日用器物外，部分器物应该属于礼器，

---

［1］浙江省文物考古研究所：《浙江考古新纪元》，科学出版社，2009 年。

［2］郑嘉励等：《浙江发掘上虞尼姑婆山三国西晋窑址》，《中国文物报》2007 年 6 月 20 日第 2 版；郑建明：《上虞凤凰山窑址发现三国—西晋时期新窑炉形式》，《中国文物报》2016 年 5 月 6 日第 8 版。

如簋、樽、盆、虎头罐、盘口壶等。这些器物不仅器形普遍较大、装饰复杂华丽、纹饰清晰流畅、胎釉质量更高，而且许多呈大小不一的序列化，通常器腹、宽沿、内底满饰纹饰，三足作精致的虎头形，外腹通常带有铺首（器形越大，铺首越精致），并且带有大型的器盖，盖面满饰纹饰。

纹饰极为丰富，不管是大型的精美器物，还是小型的碗类日用器物，均流行各种装饰。技法有压印、模印堆贴、刻划、篦划、捏塑等。纹饰题材主要有网格纹、弦纹、水波纹、联珠纹以及铺首等，也有包括仙人、朱雀、麒麟等在内的堆贴纹饰。许多器物做成各种动物形象的立体雕塑，如虎形的溺器虎子、蛙形的水盂或烛插、狮子形的烛插。也有部分陶俑出土。部分器物的流、纽等部位做成动物或植物的形态，如虎头与鸡头形的罐流。瓜形或动物形的盖纽等。

窑具包括支烧具与间隔具。窑具多为高大喇叭形或筒形，间隔具主要包括两种：三足钉形与锯齿形。

（3）禁山窑址

禁山窑址位于凤凰山窑址以北约 800 米，同属于凤凰山窑址群。揭露了三条窑炉以及包括灰坑、灰沟等在内的丰富的作坊遗迹，这是目前已发现的早期成熟青瓷窑址中窑炉最多、遗迹最为丰富的窑场（插图一）。三条龙窑保存均较为完整，在长度、装烧工具、坡度等方面存在一定的区别，代表了东汉至三国西晋不同时期装烧工艺的完整发展过程。在同一窑址内发现不同时期的窑炉遗迹，这在早期青瓷的考古史上尚属首次。其中东汉产品的种类、器形、装饰、装烧工艺等与小仙坛窑址存在较大的区别，是有别于小仙坛类型的一个新青瓷类型，对于探索成熟青瓷的起源及其早期发展具有重要意义。三国西晋时期的青瓷产品，胎体细腻致密；青绿色釉稳定，釉面均匀莹润；普遍使用轮制、模印成型，胎壁薄而均匀，器形规整；造型复杂多样，端庄大方；装饰华丽，纹饰繁缛复杂；装烧工艺成熟。禁山窑址与凤凰山及尼姑婆山窑址一起，构成了这一窑业发展鼎盛时期产品的基本面貌。[1]

2. 窑址调查

曹娥江流域的古代窑业基本集中在中下游地区的上虞区范围内，上游地

---

[1] 郑建明：《浙江上虞禁山早期越窑遗址的调查与发掘》，《中国文物报》2015 年 2 月 27 日第 5 版。

插图一　禁山窑址发掘现场

区的嵊州与新昌两县窑址数量极少，时代亦较晚，质量一般。

上虞地形南高北低，曹娥江流域的东、南、西三面分别是四明山与会稽山脉，地势由南而北逐渐降低，流经的上浦镇一带是南部山区与北部平原的过渡地带。这一带的曹娥江两岸以及包括皂李湖、白马湖等周边临河与湖的低山缓坡地带，处于南部高大山脉与北部河网平原的过渡地带，低山起伏、植被茂密、河网密布，不仅有丰富的瓷土和燃料资源，且水运四通八达，是烧窑的理想场所。

上虞曹娥江窑址群以上虞南部上浦盆地周边为核心，同时包括东部地区的皂李湖与白马湖周边地区，大致可以分成七大片区：上浦西北的四峰山片区、上浦西南的大湖岙片区、上浦东北的窑寺前片区、上浦东南的凌湖片区以及大尖顶山片区、皂李湖片区、白马湖片区（插图二）。这几大片区在时代、窑业类型上各有差异。

上虞地区目前共发现窑址 280 多处，其中东汉时期窑址 146 处、三国西晋时期窑址 72 处、东晋南朝时期窑址 9 处、唐宋时期窑址 52 处、先秦时期窑址 5 处。以东汉至三国西晋时期的窑址最多；东晋南朝至初唐是窑业发展

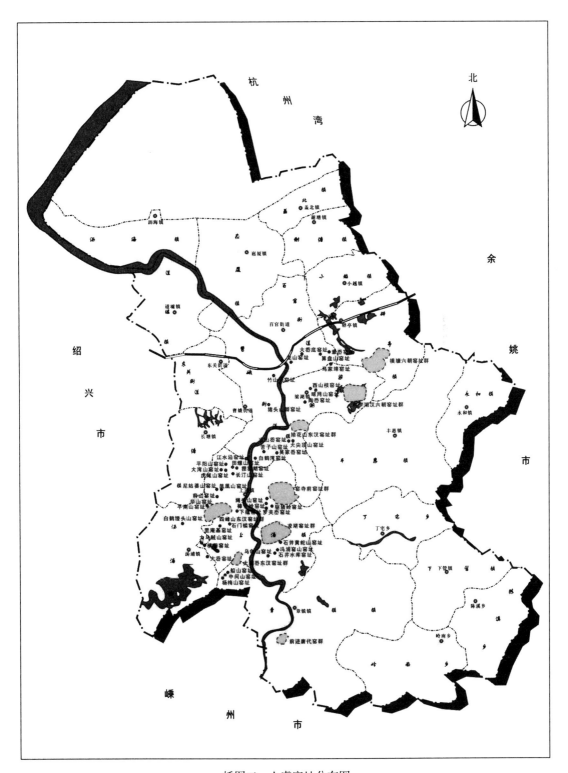

插图二　上虞窑址分布图

的低谷；中唐以后逐渐恢复，但总体上质量较低；北宋早中期迎来了发展的又一个高峰，质量高、规模大，尤其窑寺前窑址群部分窑场的产品与高质量的秘色瓷接近，成为晚期越窑继上林湖之后最重要的窑场；北宋中晚期逐渐衰落并至停烧。因此，东汉至西晋时期是上虞地区古代窑业发展的第一个高峰，这里是全国瓷器生产的一个中心。

二、东苕溪流域的瓷窑址考古工作

本区域汉六朝时期的窑址主要集中在杭州市的余杭区与湖州市的德清县，湖州市区也有少量的窑址。考古工作基本集中于余杭与德清两地区。

余杭良渚地区在 20 世纪初迎来了房地产开发的热潮，而良渚文化村所在的区域正是汉六朝时期窑址的密集分布区，被破坏的有石马斗、东馒头山、西馒头山、鸡笼上、大陆果园窑址以及至少两处以上地名不清、新发现的窑址。2004 年 9 月~2005 年 7 月、2007 年 10~12 月在发掘良渚文化遗址时对石马斗与东馒头山窑址进行了清理，2008 年对鸡笼上窑址进行了清理。

石马斗窑址的主体堆积已经被破坏，仅在低洼处保存了部分堆积，两次发掘中出土了大量的瓷片标本和窑具，在山坡下平地上发现了可能与制瓷作坊相关的遗迹现象。窑址出土的器物包括青釉与黑釉两种，其中以青釉占大多数，黑釉比例较低。胎色一般较深，多呈紫红色或深灰色，少量为灰色或土黄色，胎质较为致密，但常夹杂极少量的细砂，器物的表面不是很光洁。青釉器物绝大多数施有一层乳白色的化妆土，使器物表面光洁，同时使釉色变浅，多呈青黄色或青黄泛乳白色，极少数呈翠青色，釉多数极佳，施釉均匀，玻璃质感较强。黑釉器物均不施化妆土（彩图三：4），以鸡首壶釉色最佳，釉层厚，施釉均匀，玻璃质感强，釉黑如漆；其余器物一般釉层略薄，施釉不均匀，积釉处釉色较深，釉薄处则呈酱色，釉面不够匀净。青釉与黑釉器物外腹近底处及外底一般不施釉，无釉处多呈火石红色，少数呈砖红色或土黄色。装饰基本为素面，偶见弦纹装饰。时代为东晋至南朝时期。[1]

---

[1]浙江省文物考古研究所：《余杭石马斗东晋窑址发掘简报》，《东方博物·第二十六辑》，浙江大学出版社，2008 年。

其他几处窑址的面貌与石马斗窑址基本一致。其中在东馒头山清理残窑炉一条，为斜坡式龙窑，长 10 余米，保存不佳。

除良渚地区以处，东晋时期的德清窑还主要分布于德清的乾元镇，共有 5 处窑址，目前均保存不佳，大部分已被破坏。2007 年，德清县博物馆对 1995 年清理出土的小马山窑址瓷片进行了整理（彩图三：5），并发表了简报[1]，使外界对德清窑著名的黑釉产品有了直接的了解。

此外，在"瓷之源"课题实施的考古调查过程中，于德清下渚湖一带还发现了 27 处汉六朝时期的窑址，时代主要集中在东汉时期，三国前后的比较少。汉代窑址的产品面貌比较一致，以烧造原始瓷、印纹硬陶为主，胎质较粗而松，胎色较深。在少量窑址中发现了原始瓷、印纹硬陶与低温釉陶合烧的现象，还有少量窑址中发现了高质量的青瓷。

与上虞相比，这一地区没有青瓷完全成熟时期的小仙坛类型的窑址，窑业整体时代稍早，到了东汉晚期，自夏商以来本地区强大的窑业完成了由东苕溪流域向曹娥江流域的转移。

三、其他地区的瓷窑址考古工作

其他地区这一时期的瓷窑址工作开展得并不多。

浙江在浙西的龙游县发掘了一处东汉时期的窑址，清理龙窑炉 1 条（插图三），长 14.8 米，宽 1.98~2.04 米，窑床平均坡度 18°。由通火口、火膛、火膛后壁、窑室以及窑尾排烟坑和烟道组成。窑址内出土遗物以硬陶为主，偶见原始瓷，主要器形有罐、坛、罍、壶、锺、钵、盆等。器物多数使用轮制法制作，且经过修整，也有少数采用泥条盘筑法。陶土淘洗粗糙，故器物含杂质较多，表面粗糙。印纹采用手工拍印方式。[2] 这是首次发掘秦汉时期的印纹硬陶窑址。

洪州窑发现于 1977 年，1992~1995 年经过大规模的发掘，基本确立了其创烧时代、兴衰过程、产品面貌、装烧工艺等基本的窑业信息。[3] 洪州窑始

---

[1] 周建忠：《德清小马山窑址清理简报》，《东方博物·第二十六辑》，浙江大学出版社，2008 年。
[2] 浙江省文物考古研究所：《浙江龙游白羊垅东汉窑址发掘简报》，《东南文化》2014 年第 3 期。
[3] 张文江等：《汉唐青瓷名窑——江西丰城洪州窑》，《南方文物》2008 年第 1 期。

插图三　龙游白羊坳东汉窑址龙窑遗迹

烧于东汉晚期,兴盛于两晋至中唐,晚唐五代渐趋衰退到终烧。2002 年 6 月,对新发现的曲江缺口城西门东汉晚期重要的青瓷窑址和梅林镇易塘隋唐窑址进行了考古调查[1],其中东汉时期的窑址产品器形有双唇罐、罐、瓮、釜、壶、盆、碗、杯等,釉色酱褐或黄釉色,通体多饰细格纹、麻布纹,其他还有水波纹、弦纹等东汉常见的典型花纹。龙窑烧造,已使用高大的支烧具。

2017 年,湖南省文物考古研究所重新启动了岳州窑的发掘工作,对百梅村巷子口与河岭上两处东汉至三国时期的窑址进行了发掘,出土了一批不同类型的青瓷器,对了解岳州窑早期窑业面貌与窑业格局有重要意义。

[1] 北京大学中国考古学研究中心等:《江西丰城新发现的洪州窑址调查简报》,《南方文物》2002 年第 3 期。

四、成熟青瓷起源的新认识与新收获

从目前的考古材料，尤其是 21 世纪以来系统调查的材料来看，上虞地区毫无疑问是汉六朝时期的窑业中心和成熟青瓷的起源地。总体上看，上虞地区东汉时期的窑址至少可以划分成以下几个类型。

1. 馒头山类型

这一时期的窑址数量比较多，以生产硬陶、印纹硬陶、原始瓷等为主，胎质较粗而松，胎色较深（彩图四：1）。原始瓷烧造技术沿袭本地的传统，器形主要是各种罐、瓿、罍、壶、锺等，仅在器物朝上且没有遮挡的一面有釉，即器物的口沿、颈下部、肩、上腹乃至内底中部；在器物朝下或受遮挡的一面则无釉，如器物的颈上部、下腹，盘口壶的盘口下等部位。施釉不均匀，凝釉明显，施釉处的中心釉层最厚，向无釉处逐渐变薄乃至消失，不见明显的施釉线。釉色较深。

2. 珠湖类型

以生产硬陶、印纹硬陶、原始瓷与釉陶为主（彩图四：2）。产品分成三种：第一种即馒头山类型的原始瓷，仅在朝上没有遮挡的部分有釉，凝釉明显，施釉线不清晰。第二种器物的器形、装饰、成型工艺、胎质与胎色等均与第一种近似，但施釉技术发生了根本的改变。使用刷釉技术，器物朝上朝下的部位均施釉，釉层薄，釉色较青翠，但较均匀，施釉不及底，施釉线清晰。部分器物或局部施釉较为草率，仅寥寥涂刷数笔。第三种则与前两种差别较大，胎多呈橘黄色或土黄色，胎质较松软，火候较低，但施釉技术较佳。釉层较厚，施釉均匀，仅外底施釉不及底，釉色普遍较深，呈酱黑色、酱褐色、土黄色等，因器物火候较低而剥釉明显。此类器物与北方低温釉陶在技术面貌上较为接近。

3. 小陆岙类型

本类型有前后演变的过程，早期珠湖类型的第二种产品得到完善，演变成酱褐色釉瓷器及少量的青瓷器（彩图五：1）。酱褐色釉瓷器主要有罐、罍、锺等，器形普遍较大。普遍流行各种装饰，有网格纹、梳状纹、弦纹、水波纹、叶脉纹等。胎色普遍较深，胎质较粗而略松。通体施釉，外腹施釉不及底，施釉技术成熟，釉层薄而均匀，施釉线清晰。烧造火候较高，少量胎釉烧结度好，釉玻璃质感较强。生烧及剥釉现象比较严重。青釉器物胎较细而色较浅，釉色泛青或泛黄，火候高，胎釉质量较佳。

晚期以生产酱色釉瓷器为主，仍有较多的硬陶，但印纹明显减少，青釉器物的比例明显增加。酱色釉瓷器以罐、罍、瓿等器形巨大的器物为主。胎釉质量有所提高，这与火候的提高密切相关，胎质更加致密，釉玻璃化程度提高，胎釉结合更好。青釉器物不仅比例明显增加，且质量进一步提高，除泛灰或泛黄色的青釉外，青绿色釉的比重明显增加。

4. 小仙坛类型

基本为青瓷产品，酱褐色釉瓷器仅在少量窑址中有发现，多数窑址纯烧青瓷产品。无论是青瓷还是酱褐色釉瓷器的质量均有了质的飞跃。其中青瓷产品胎色灰白，质地细腻坚致，釉色青翠，施釉均匀，釉层透明，玻璃质感强，吸水率低，完全跨入了成熟青瓷的行列，成为成熟青瓷的标志。而酱褐色釉瓷器几乎演变成早期的黑釉瓷器，虽然胎色较深，但与青瓷一样施釉均匀，玻璃质感强，胎釉结合好。装饰上以素面为主，流行较为简洁的弦纹、水波纹等，出现铺首装饰，并有一定数量的俑类圆雕器物。器形主要有罐、锤、洗、盘口壶等。

5. 禁山类型

纯烧青瓷产品，胎釉质量高，完全属于成熟青瓷或黑釉瓷器的范畴（彩图五：2）。器类上除早期的罐、洗、盘口壶外，新出现大量的碗，锤较为少见。装饰以素面为主，偶见少量的细弦纹、水波纹以及铺首、系等。装烧上的一大变化是大量使用三足支钉形间隔具，不仅大大提高了产量，也使碗类日常用器成为瓷器烧造的主要门类，这应该是瓷器成为日常用品的重要标志与转折。

6. 帐子山类型

产品包括青釉与黑釉瓷器两种。器形主要有碗、罐、宽沿洗、方唇洗、双唇罐、盘口壶、罍等。碗类器物占多数，因此器物总体上以素面为主，但罐、洗、罍、盘口壶等器物常见有纹饰装饰，包括弦纹、水波纹、梳状纹、网格纹、叶脉纹以及铺首等。青釉类器物胎质较细而坚致，胎色较浅而呈灰白色。黑釉类器物胎色较深，呈灰、深灰或灰黑色，胎质普遍较粗，有较多的细小砂粒。火候较高，施釉均匀，胎釉结合好，玻璃质感强，烧结度高。尤其是黑釉类产品，是目前已知东汉时期质量最高的产品。窑具主要有筒形支烧具、两足支烧具以及三足钉形间隔具等。从器物的胎釉质量、装烧工艺等方面来看，该类型的窑址时代可能与禁山类型差不多，属于东汉末期。

以上六个类型的窑址，禁山类型与帐子山类型可能属于同一时期，其他类型在产品的器形、质量和装烧方式等方面存在明显的区别，代表不同的时期。六个类型的窑址代表了瓷器起源并逐渐成熟这一发展过程中的五个阶段，小仙坛类型标志着中国成熟青瓷的烧制成功。

在上虞地区有一批东汉时期的器物，与传统的秦汉原始瓷和成熟青瓷存在巨大的区别，其基本特征为：第一，胎多呈橘黄色或橘红色，胎质较松，部分器物的陶质较为细腻，淘洗工艺较为先进，但仍有部分器物胎中夹杂较多的细砂粒；第二，多数器物的胎质较软，与软陶近似，但亦有部分器物胎质较硬，接近于硬陶；第三，釉色多较深，呈酱褐色、黑褐色或青褐色，釉层均匀，凝釉不明显，有清晰的人工施釉痕迹，施釉线整齐，不仅器物朝上部位有釉，器物的下腹等部位亦见有釉，小口类器物如罐等内底多不见有釉，内腹仅在口沿下有较窄的一圈釉；第四，通过测试，此类器物釉中的含铅量极高，但低于北方的低温铅釉陶[1]；第五，器形主要有碗、盘、耳杯、虎子、五管瓶、簋（彩图三：6）、罐、盆、壶、锺等，多数器物在秦汉原始瓷与成熟青瓷中可以找到相似的器形。

从此类器物的胎釉特征与火候来看，可以称为低温釉陶。纵观浙江青瓷发展的主脉络，从夏代开始即烧造高温瓷器，基本一以贯之，高温瓷器是浙江制瓷业的一个基本传统。这种低温釉陶在浙江本土找不到发展的源头，往后亦不见来者，应是某段特定时期的特定器物，很可能是受北方低温铅釉影响而出现的。

比较来看，浙江低温釉陶虽然具备北方低温铅陶的许多特征，但亦保留了不少南方本地的传统，应该是在本地制瓷技术的基础上吸收北方低温铅釉陶的技术而出现的，包括对其施釉技术的吸收。正是这种技术的引入，使浙江秦汉时期原始瓷制作技术发生了巨大改变：从早期仅在器物朝上一侧有釉、凝釉明显、釉层逐渐过渡而不见施釉线，变为施釉均匀、施釉线整齐清晰、整件器物均施釉的状态。而这种施釉技术正与成熟青瓷相同。

---

[1] 此由北京大学杨哲峰先生提供，在此谨表致谢。

由此可以判定，上虞地区成熟青瓷起源的窑业基础是浙江本土的高温原始瓷传统，而起源过程中某些窑业技术又受到了北方低温釉陶的强烈影响，正是这种南北窑业的激荡才最终产生了高质量的成熟青瓷。

（本文原刊于《文物天地》2018 年第 8 期）

唐宋越窑及越窑系瓷窑址考古的新进展

越窑上起于汉，第一次兴盛于东吴前后，东晋至隋进入低谷，盛唐以后再次进入上升通道，并在中晚唐至北宋早中期迎来了鼎盛时期，是唐代"南青北白"格局中"南青"的杰出代表，北宋晚期逐渐衰落，南宋早期因北宋灭亡与宋室南渡而再度在低岭头一带烧造宫廷用瓷，同时上承汝窑技术，面貌从透明釉转向乳浊釉，由此开创了南方青瓷乃至中国陶瓷史上全新的时代。东吴前后越窑第一次兴盛时期的烧造中心在浙江上虞的曹娥江畔，而唐宋时期越窑最鼎盛时期的烧造中心则无疑在慈溪上林湖地区，这一时期的越窑广布整个宁绍平原地区，并在上虞的窑寺前、宁波的东钱湖地区逐渐形成两个次地级的中心，并由此再向南、向西扩张：向南沿浙江海岸线一路南下，经台州地区到达温州地区，并沿瓯江而上，经青田等地达到龙泉地区；向西经东阳、义乌、浦江、武义，到达金华、衢州所在的婺州窑地区。此外，越窑的影响广及福建、江西、安徽、江苏等周边省份，这些地区唐宋时期的窑业都与同时期的越窑有密切的关系。

一、上林湖地区瓷窑址考古工作

上林湖地区的瓷窑址考古调查始于 20 世纪 30 年代，当时陈万里先生曾多次到宁绍平原调查越窑遗址，并于 1935 年到达上林湖，确认上林湖地区是越窑的中心产地。1949 年新中国成立后，省、市、县多级文物专业部门先后成立，对宁绍平原陆续展开多次详细的考古调查工作，在大量翔实的野外考古材料的基础上，确定上林湖地区是越窑的中心产区，是唐宋时期的窑业中心。但直至 20 世纪 90 年代之前，这一地区的绝大多数工作仅限于地面调查，正式的发掘工作则始于 1990 年。20 世纪 90 年代的十年间掀起了越窑考古的第一次高潮，重要工作有如下几次：1990 年低岭头窑址的试掘、1993~1995 年上林湖荷花芯窑址的发掘[1]；1998~1999 年古银淀湖寺龙口窑址的发掘[2]；1999 年白洋湖石马弄窑址的发掘[3]。前两次发掘均为有计划、学术目的明确的主动性考古发掘，石马弄窑址则是配合基本建设的抢救性考古发掘。

从上林湖地区已完成的考古发掘项目来看，荷花芯、石马弄产品时代以唐代中晚期为主，产品质量虽然很高，但不能代表这一时期越窑的基本面貌。寺龙口窑址年代跨度比较大，其主要堆积是北宋早期，唐五代及北宋晚期的地层发育并不十分丰富，产品中虽然不乏精品，但从越窑整体的制作工艺水平来看仅处于中上水平，不能反映越窑的最高制作水平。作为越窑顶级产品的秘色瓷，窑址考古材料十分稀少，与国内外学者对这一课题的高度关注极不相称。寺龙口窑址中南宋时期的产品基本仅有薄釉一种，与南宋官窑关系更密切的多次施釉的厚釉类产品不见于此窑址。

而无论是荷花芯、石马弄还是寺龙口窑址，在发掘中都主要是清理了大量的废品堆积，除窑炉外的其他遗迹比较少，因此有关越窑制作工艺的研究材料非常少，严重制约了对越窑的进一步深入研究。

基于此，同时为配合考古遗址公园建设和世界文化遗产的申报工作，也为窑址群的下一步保护与展示规划编制提供依据，浙江省文物考古研究所与慈溪市文物管理委员会办公室提交的《2014~2018 年越窑五年考古工作规划》于 2014 年 6 月获国家文物局批准，从而启动了越窑考古的新篇章。这五年中，先后发掘了上林湖后司岙与荷花芯窑址以及古银淀湖的张家地窑址。

1. 后司岙窑址[4]

发掘分为两部分，以 Y66 为主，基本揭露了较为完整的窑场；在 Y66 西边编号为 Y64 的区域布东西向长深沟一条，解剖朝南山坡的堆积情况。

Y66 的发掘基本理清了以后司岙窑址为代表的晚唐至北宋早期秘色瓷的基本面貌与生产工艺、秘色瓷窑场基本格局、唐至北宋早期皇陵出土秘色瓷

[1] 浙江省文物考古研究所等：《慈溪上林湖荷花芯窑址发掘简报》，《文物》2003 年第 11 期。
[2] 浙江省文物考古研究所等：《寺龙口越窑址》，文物出版社，2002 年。
[3] 浙江省文物考古研究所等：《浙江慈溪市越窑石马弄窑址的发掘》，《考古》2001 年第 10 期。
[4] 浙江省文物考古研究所等：《秘色越器》，文物出版社，2017 年。

的产地问题。Y66 始于唐晚期，止于北宋早期，代表了唐宋越窑最鼎盛时期顶级产品的基本面貌。主要收获包括以下几点：

一是理清了窑场基本布局。以依山而建的南方传统龙窑炉为中心进行布局，西边是丰厚的废品堆积，东边主要是作坊遗址，包括两座房址、多个釉料缸等。（插图一）

二是揭示了秘色瓷的生产工艺与兴盛过程。废品堆积非常丰厚，地层堆积中发现多个带有年号的窑具。秘色瓷的出现与瓷质匣钵的使用密切相关（彩图六：1）。从多个纪年款窑具及出土地层叠压关系来看，秘色瓷至少在"大中"年间前后即开始生产，在"咸通"年间前后占据相当比例，在"中和"年间前后则达到了兴盛，这一过程持续到五代中期，在五代中期以后质量有所下降。北宋早期产品胎釉质量进一步下降，但部分高质量的器物釉色呈现与秘色瓷相似的天青色，流行大量的细线划花装饰。

三是揭示了秘色瓷的基本面貌。秘色瓷的产品种类相当丰富，以碗、盘、钵、盏、盏托、盒等为主，亦有执壶、瓶、罐、碟、炉、盂、枕、扁壶、八棱净瓶、圆腹净瓶等，每一种器物又有多种不同的造型。许多器物为首次出土，不见于博物馆馆藏与历年来的考古出土品。

插图一　浙江慈溪上林湖后司岙窑址远景

四是确定了秘色瓷的产品流向。后司岙窑址出土的秘色瓷产品，与唐代法门寺地宫（彩图六：2）以及五代吴越国钱氏家族墓、北宋元德李后陵、辽代祖陵及萧贵妃墓等最高等级墓葬中出土的秘色瓷不仅在器形、胎釉特征上十分接近，而且装烧方法亦几乎完全相同。因此可以确定，晚唐至北宋早期的绝大多数秘色瓷器当为后司岙窑址的产品。

后司岙窑址发现多个"官"字款的匣钵。1977 年，在窑址北边的吴家溪一带出土有光启三年墓志罐一件，内有"殡于当保贡窑之北山"等内容，与本窑址位置暗合。据此可以认定，后司岙窑址是唐宋时期烧造宫廷用瓷的主要窑场，代表了这一时期的最高制瓷水平，其开创的以天青色为特征的秘色瓷产品，不仅是制瓷史上制瓷技术的一大飞跃，同时成为此后高等级青瓷的代名词，影响到后代包括汝窑、南宋官窑、龙泉窑、高丽青瓷等一大批名窑的生产与整个社会的审美取向。

Y64 发掘面积不大，揭露了龙窑炉 1 条，长不足 20 米。唐宋时期的越窑窑炉长度基本稳定在 50 米左右，上述长度的窑炉属首次发现，拓宽了我们对唐代窑炉的认识。在一件唐代瓷质匣钵上发现"罗湖师秘色椀"六个字，"秘色椀"三个字与法门寺地宫衣物帐上的文字完全相同。这是在窑址首次发现"秘色"字样，同样也再次证明瓷质匣钵是烧造秘色瓷的重要窑具，且"秘色瓷"这个概念不仅存在于当时的文人以及包括宫廷在内的上层阶级，作为窑工亦清楚地知道自己所做的是秘色瓷器。

2. 荷花芯窑址[1]

荷花芯窑址位于上林湖的西南岸边，坐西朝东，整体上呈向东的"凹"字形，北、西、南三面隆起部分应该为窑炉与废品堆积所在，1993~1995 年发掘揭露的两条龙窑分别位于北面与西面的山坡上。2014~2015 年的发掘主要集中在中间及朝东部分下凹的平坦区域，重点为寻找作坊遗迹。（插图二）

遗迹包括房址多处、匣钵挡墙多道、台阶路 1 条、辘轳坑 1 处、储泥池 1 处、釉料缸 2 个，为复原唐宋时期的越窑窑场布局提供了可靠的一手材料。房址大小不一，基本上呈长方形，个别不规则，基本为单间，匣钵砌墙，室

---

[1] 浙江省文物考古研究所等：《慈溪上林湖荷花芯窑址发掘简报》，《文物》2003 年第 11 期；郑建明等：《浙江上林湖荷花芯窑址发掘作坊区》，《中国文物报》2015 年 12 月 4 日第 8 版。

插图二　浙江慈溪上林湖荷花芯窑址远景

内地面保存较差，较不平整。从房址内揭露的辘轳坑和釉料缸等遗迹来看，应该属于成型、配釉的制瓷作坊。

　　荷花芯窑址的发掘首次揭示了唐宋时期越窑的窑场布局、制作工艺流程以及窑业生产与管理等重要信息，为恢复唐宋时期越窑的制瓷工艺、窑场格局，推动考古遗址公园的建设以及浙江青瓷申遗工作提供了大量翔实的野外材料。

3. 张家地窑址[1]

　　目前发现的南宋时期越窑址均集中在古银淀湖地区，主要有低岭头、开刀山、寺龙口、张家地数处，窑址中发现一批类"官窑"产品，与传统越窑风格差别较大。其中在低岭头窑址试掘后基本理清了演变脉络：窑址分成上下两层，下层基本面貌与北宋末期传统越窑接近，出现少量北方因素，粗刻花有耀州窑风格；上层堆积中出土了一批与越窑透明玻璃釉完全不同，而与汝窑接近的乳浊釉类产品（彩图六：3），垫烧方面出现使用支钉垫烧的新方式。这批产品被称为低岭头类型，第一次将越窑的下限推进到了南宋。

---

[1] 沈岳明：《修内司窑的考古学观察——从低岭头窑址谈起》，见中国古陶瓷研究会编《中国古陶瓷研究·第四辑》，紫禁城出版社，1997年。

低岭头类型的张家地窑址与开刀山窑址相邻，下坡处因修建民房已被破坏，仅保留少量的堆积。2017 年初对窑址进行了正式发掘，其中乳浊釉青瓷包括薄釉与厚釉两种，器形主要有碗、盘、碟、罐、花盆、瓯、炉、瓶等，尤其是炉与瓶类器物造型丰富多样。部分厚釉产品釉面莹润饱满，有两次以上施釉的痕迹，说明这一时期已掌握了多次施釉的技术。其与寺龙口窑址南宋地层可以构成早晚两个时期，并将汝窑、南宋官窑等紧密联系在了一起，对于探索汝窑技术的南下以及南宋官窑、龙泉窑等的兴起具有重要的意义。

二、宁绍地区越窑考古工作

宁绍地区的考古工作，主要在上虞的窑寺前、宁波的东钱湖地区展开。

1. 上虞窑寺前[1]

上虞唐宋时期的越窑遗址主要集中在窑寺前与相邻的凌湖两个地区，此外在外围的前进等地区有少量的分布，窑址大概 50 多处，以北宋中晚期为主。在窑寺前地区至少有两处北宋早期的窑址，产品质量高，制作精致，纹饰精美，釉色匀润青翠，属于高档的秘色瓷类（彩图六：4），这是首次在上林湖以外地区发现高质量的秘色瓷器。南宋《嘉泰会稽志》记载此处在"国初"曾设"官窑三十六所"，这部分窑址当即文献所记的"官窑"。目前能确认的其他窑址基本为北宋中晚期，此种北宋早期的高质量青瓷窑址在凌湖亦发现一处。上虞北宋时期的窑业基本可以建立完整的发展序列。

2. 宁波东钱湖[2]

东钱湖是宋代越窑的重要分窑场，目前大约发现数十处窑址，规模上小于上虞窑寺前地区。窑址时代主要集中在北宋中晚期，产品以粗刻划结合细线划花为主要装饰特征（彩图六：5）。

2007 年，宁波市文物考古研究所抢救发掘了郭童岙窑址群，清理多条窑炉。窑炉保存不佳，产品质量普遍较粗，胎质粗疏，釉色青黄，刻划草率，以裸

---

［1］郑建明：《上虞 2012~2013 年调查的主要收获》，《陶瓷考古通讯》2014 年第 1 期。

［2］朱伯谦：《浙江鄞县古瓷窑址调查纪要》，见《朱伯谦论文集》，紫禁城出版社，1990 年；宁波市文物考古研究所：《郭童岙——越窑遗址发掘报告》，科学出版社，2013 年；罗鹏：《宁波东钱湖上水岙窑址发掘取得重要成果》，《中国文物报》2017 年 6 月 30 日第 8 版。

烧为主，器形主要是碗、韩瓶等。时代主要为北宋晚期。

2016 年宁波市文物考古研究所发掘了上水岙窑址，清理龙窑两处 6 条，Y6 保存较好，方向 346°，坡度 15°~17°，全长 41.8 米，宽 1.9~2.2 米。由火膛、窑床、窑门、排烟室等部分构成。出土碗、盘、杯、盏、盏托、盒、罐、壶、钵、香熏、瓶、套盒、水盂、枕、洗、砚台、五管灯、唾盂等青瓷，以及各式匣钵、垫圈等窑具；流行纹样装饰，细线划花与粗刻花并用，既有莲瓣纹、牡丹纹、荷叶纹、莲蓬纹、云草纹等植物花卉和海波纹样，也有摩羯纹和龙、凤、雀、鸳鸯、鹦鹉、鹤、鱼等动物纹样，部分器物的外底有"大""内""千""十"等文字。质量较佳。

三、金衢地区越窑系瓷窑址考古工作

金衢地区是传统的婺州窑分布区，也是宋代越窑系青瓷的重要分布区，相关的考古工作主要集中在金华所属的各个市县，包括武义的陈大塘坑周窑址、东阳的葛府窑址、浦江的前王山窑址。

1. 武义陈大塘坑窑址[1]

陈大塘坑窑址群位于金华市武义县东南约 15 千米，属于阳丰行政村。2000 年 4~6 月、2001 年 11 月~2002 年 1 月，为配合金丽温高速公路建设，浙江省文物考古研究所会同武义博物馆，对陈大塘坑窑址群进行了两期抢救性发掘，发掘窑址 4 处，即蜈蚣形山窑址、乌石岗脚窑址、缸窑口窑址、叶李坑窑址、总发掘面积 1000 平方米。其中蜈蚣形山窑址为北宋中期前后越窑系窑址，位于陈大塘坑窑址群最南，清理龙窑两条，其中一条龙窑长 34.8 米、宽 1.56~2.3 米。产品均为青釉瓷，胎质灰白细腻，薄胎薄釉，器形有碗、盏、盘、灯盏、盆、杯、盅、执壶、注碗、盒、盖、炉、砚、牌饰等；装饰手法多见细线划花，也有模印、刻划、压印、镂空等；装饰题材以花卉居多，亦见鹦鹉、凤凰、莲瓣等（彩图六：6）。窑具丰富。匣钵以 M 形为主，垫具以环状垫圈为主，装烧方式早期以匣钵多件装烧为主，晚期多为匣钵单件装烧。出土"大中祥符"纪年碾槽一个。年代在北宋中期前后。

---

[1] 浙江省文物考古研究所等：《武义陈大塘坑婺州窑址》，文物出版社，2014 年。

2. 东阳葛府窑址

葛府窑址位于东阳市南马镇葛府村南山坡，规模较大，面积超过 3000 平方米，时代主要在北宋中晚期前后。越窑系产品均为青瓷，胎色灰白，釉较薄，胎釉质量较好。以各类碗为主，有盘、壶、杯、罐、盏托、粉盒、瓷枕等。印花、划花和刻花装饰手法均采用。施青釉，釉层均匀，釉色晶莹。窑具主要是 M 形匣钵与垫圈，有单件装烧，也有多件叠烧。2008 年浙江省文物考古研究所等单位对其中一处窑址进行了发掘，清理了龙窑炉等遗迹。产品质量与时代和陈大塘坑窑址比较接近。

3. 浦江前王山窑址[1]

前王山窑址位于浦江县前吴乡民生村坞坑自然村，2016 年对窑址进行了正式发掘，揭露出包括龙窑窑炉、挡墙、房址、灰坑在内的较为丰富的遗迹。其中龙窑窑炉 1 条，由火膛、窑室、窑门、窑尾等构成，保存较好，通斜长约 42.5 米，坡度前中段约 7°~14°、近尾稍缓约 8°~12°。窑炉前端近火膛处宽 1.72 米，中段宽约 2.18 米，窑尾部渐收至 1.7 米。

瓷器产品分为精粗两路。精路产品采用单件、垫圈支烧、匣钵装烧，粗路产品采用叠烧、耐火土间隔、匣钵装烧，其中以后者占绝大比例。精路产品有各式碗、盘、盒、钵、执壶、盏、盏托、炉、水盂、夹层碗、枕、盆、多管灯（彩图七∶1）、罐等；胎色灰白，胎质较粗；青釉或青黄釉，釉色较滋润；以素面为主，仅少量器物有纹样装饰，题材有蕉叶纹、莲瓣纹及其他花卉等。粗路产品主要是各种碗；灰白胎或灰胎，胎质普遍较粗；青釉或青黄釉；基本为素面。

窑具包括匣钵、垫圈等。匣钵以 M 形为主，垫圈主要有圆形、喇叭形两种。时代为北宋中晚期前后，产品总体质量较陈大塘坑窑址为差。

四、其他地区越窑系瓷窑址考古工作

1. 温州地区

温州地区传统上主要是瓯窑分布区，这一地区的窑业始于东汉，延及明清，

---

[1] 谢西营、张智强：《浙江浦江前王山窑址发掘获重要成果》，《中国文物报》2016 年 12 月 2 日第 8 版。

面貌极其复杂。产品有青瓷、黑瓷、青花瓷、青白瓷、彩绘瓷，青瓷又可划分为瓯窑与龙泉窑两大窑系。其中瓯窑青瓷始于东汉，历六朝而盛于唐和宋初，止于北宋晚期，分布于温州地区的瓯江下游、楠溪江下游、飞云江下游以及台州地区的椒江流域，产品胎色灰白、釉色淡青，器物种类丰富，制作精良。早期的窑址主要集中在永嘉的楠溪江下游两岸，目前发现最早的窑址为东汉中晚期，六朝时期得到初步的发展，唐末达到第一个顶峰，到了宋代，中心窑场转移到温州的西山一带，制瓷技术进一步发展。元代是龙泉窑鼎盛时期，受其影响，温州本地区的传统青瓷迅速衰落，开始大量生产龙泉窑系产品。东汉直至北宋时期，瓯窑器物除因胎色较浅而使釉呈极浅的淡青色外，其种类、器形、纹饰、装饰技法等均与越窑十分接近，这是浙江几个窑系中与越窑关系最密切的一个，特别是时代上，几乎与越窑相始终，在浙江也是仅有的一个。因此这里暂且将瓯窑放在大的越窑系里讨论。

21 世纪以来发掘的瓯窑遗址有三处，分别是永嘉龙下[1]、坦头[2]与启灶窑址，其中前两处窑址均位于永嘉县三江街道的龙下村，南北相距仅数百米，产品面貌、装烧工艺、时代等基本一致。均为依山而建的龙窑炉，其中坦头窑址的保存较好，长近 40.4 米，宽 2~2.1 米。出土器物相当丰富，除各种类型的碗以外，亦有大量的壶、罐、瓶、钵、盆、盒、碟、灯盏、盏、碾轮等，每一种器物通常又有多种不同的造型。装饰以素面为主，少量有细线划花与褐彩装饰。细线划花题材主要是对称的四叶荷瓣。褐彩装饰有的近似于"山"字形（彩图七：2）、钩形、直条形等，也有大块圆斑状、点彩状。窑具主要是匣钵，包括 M 形与筒形等，多为明火裸烧或匣钵内多件叠烧。在一件匣钵上发现"大中十一年"字样，确定是唐代晚期的窑业遗存。

启灶窑址于 2006 年发掘，时代、窑业面貌与龙下村的两处窑址比较接近，在器形、装饰上有一些小的变化。比较特别的是发现了多个腰鼓的标本，施以乳白色的乳浊釉，这在之前的瓯窑窑址中是没有发现过的。

2. 浙北地区

浙北东苕溪沿岸，以德清为中心，包括湖州南部、余杭西部，是德清窑

---

[1] 浙江省文物考古研究所等：《浙江永嘉龙下唐代青瓷窑址发掘简报》，《文物》2012 年第 11 期。

[2] 郑建明等：《东瓯缥碧——永嘉坦头唐代瓯窑遗址发掘取得重要突破》，《中国文物报》2018 年 1 月 26 日第 4 版。

的重要分布区。德清窑东汉时期创烧，发展于三国、西晋，鼎盛于东晋、南朝，停烧于中唐，青瓷与黑瓷合烧。德清窑有两项突出的成就，即黑釉的创烧与化妆土的发明，这两项成就均在东汉时期完成，是德清窑对中国制瓷业的伟大贡献。这两项发明与德清地区瓷土质量不高及越窑的强势发展有关，一来可以掩盖其胎质较粗、胎色较深的瓷土缺陷，此外也是为避开越窑青瓷的锋芒而另谋发展。德清窑自创烧起，其胎釉、器形、装饰、装烧等工艺就与越窑有紧密的联系，是大越窑系的重要构成部分[1]。

德清窑是浙江各大窑口中最早停烧的窑场，约结束于唐中期前后。对隋唐时期德清窑开展的考古工作，包括 1999 年和 2009 年对德清乾山窑址进行的两次发掘，2014 年对德清窑墩窑址进行的发掘[2]，除出土大量的标本外，还清理了龙窑炉遗迹，其中乾山清理的窑炉宽均在 4 米以上，宽短的窑炉是这一时期德清窑的突出特征。产品仍包括青釉与黑釉两种，以青釉为主，黑釉为辅。胎质粗疏，胎色包括土黄色、紫红色、青灰色等。仅施半釉，下腹及底不施釉。青釉器物不再施化妆土，釉层薄而有一种明亮的浮光，釉色以豆青为主，少量青黄、青灰色。黑釉器物釉层亦较薄，多呈酱黄色，基本不见东晋时期色黑如墨、光亮如漆的厚实釉。器形较为单一，以碗占绝大多数（彩图七：3），其次是少量的碟、盆、盘、盘口壶、多足砚、高柄豆、鸡首壶等。基本为素面，仅少量青釉器物见有褐彩装饰。窑具有支烧具与间隔具两种，支烧具多较低矮，呈饼形或矮柱形；间隔具为一种粗陶质的小泥饼，制作粗糙，多见有开裂现象。

3. 丽水地区

这一地区发掘的窑址主要有三处：丽水吕步坑窑址与青田万阜窑址。

吕步坑窑址位于丽水市城关镇吕步坑村，1959 年进行过试掘，2000 年进行发掘，清理龙窑炉 1 条，残长 38 米，宽 2 米左右，坡度约 10°。产品种类较为单一，以碗（彩图七：4）与盏为主，亦有壶、灯盏、砚等。产品质量较差，多数为灰胎或土黄胎，胎质较松。主要施青釉，也有酱釉，多数器物施釉不

[1] 郑建明：《德清窑略论》，《文物》2011 年第 7 期。
[2] 浙江省文物考古研究所等：《浙江省德清县大圣堂青瓷窑址发掘简报》，《东南文化》2016 年第 1 期。

及底。时代为隋至唐代早期。[1]

青田万阜窑址产品种类较为丰富，以碗、盘为主，亦有罐、执壶、碟、盏、盏托、盖、壶、炉等，其中倒流壶在浙江地区比较少见。青灰色胎，胎质细腻坚致。一般通体施青釉，施釉薄而均匀，釉面匀净。流行纹样装饰，细线划花与粗刻花并用，题材主要是各种花卉。整体质量较高，时代在北宋中期前后。

庆元黄坛窑址位于庆元县竹口镇黄坛村，2014 年进行发掘，窑址保存情况较差，仅清理了少量的地层堆积。出土器物包括青瓷产品和窑具。青瓷产品有碗、盘、盏、灯盏、钵、盘口壶、罐、多角罐、器盖、高足杯、执壶、碾轮、砚台、擂钵、盏托等，以碗类产品为主。窑具主要是支烧具。青瓷产品普遍胎色较深，多呈灰色、灰褐色或红褐色，胎质粗，较疏松，夹杂砂粒。釉色以青黄、青灰色为主，胎釉结合不好，剥釉现象十分严重。多数器物外腹施半釉或施釉不及底。装饰极少。使用支烧具明火叠烧。[2]

4. 江西地区

江西地区发掘的越窑系青瓷窑址主要有玉山渎口窑址、乐平南窑、景德镇兰田窑址等。

渎口窑址位于玉山县东部下镇镇渎口村，2014 年进行发掘，清理龙窑炉两条，均残。产品基本为瓷器，有少量陶器，以壶、碗、盏、罐为多。胎色多为灰白色，胎质较粗。以青釉和酱褐色釉为主，另有少量黑釉。多有流釉现象，多数器物施釉不及底。装饰技法主要是刻划花，纹样简单，以花卉为主，许多器物做成瓜棱形与花口状。装烧多为明火叠烧。时代为北宋晚期。[3]

南窑位于乐平市接渡镇南窑村，2011~2012 年进行正式发掘，清理龙窑炉两条，出土大量的瓷器产品，以青釉瓷器为主，少量的酱釉瓷器。器类有各式瓶、壶（彩图七：5）、罐、碗（彩图七：6）、盘、灯盏、钵、盏、瓮、水盂、盒盖、盆、腰鼓等。胎质较为粗松。釉色青黄或青褐，釉面较为干涩，

---

[1] 浙江省文物考古研究所等：《浙江省丽水县吕步坑窑址发掘简报》，见《浙江省文物考古研究所学刊·第7辑》，杭州出版社，2005 年。

[2] 浙江省文物考古研究所等：《浙江省庆元县唐代黄坛窑址发掘简报》，《东方博物·第六十辑》，中国书店，2016 年。

[3] 江西省文物考古研究所等：《江西玉山渎口婺州窑址》，文物出版社，2008 年。

质量一般。装饰以素面为主，少量的褐彩。均为明火叠烧。[1]

兰田窑址位于浮梁县湘湖镇兰田村，在发掘的晚唐五代至北宋早期的窑址中清理了龙窑炉两条，产品包括青绿釉、青灰釉与白釉瓷三种。器形以碗、盘、注壶、罐等为主，还发现一些较少见的器物，如腰鼓、瓷权、茶碾等。[2]

五、唐宋越窑及越窑系瓷窑址考古的主要收获

基本理清了越窑的时空格局。

在时间分布上，隋至唐代初期，越窑处于制瓷业生产的低谷阶段，窑址数量较少，产品较为单一。胎质较粗，釉色为青黄或青灰，多施半釉，装饰单调，装烧方法主要是明火裸烧。

盛唐时期的越窑，制瓷技术进一步改进，开始使用匣钵装烧，产品质量已处于上升时期。许多器物釉层匀净，釉色有青绿、青黄和青灰。匣钵较多出现，为进一步提高瓷器的产品质量提供了技术上的前提条件。

中、晚唐时期，越窑进入空前发展，窑址数量多，窑场规模宏大，以上林湖地区最为集中，产品种类丰富、质量较高。胎质细腻坚致，满釉为多，釉面匀净滋润。装饰多为素面，印花、刻划花、镂空、贴塑、褐彩也有使用，还见有金银扣及螺钿工艺。以匣钵装烧为主，最重要的技术革新是瓷质匣钵外封釉，为成功烧制出精美绝伦的秘色瓷提供了工艺基础。

五代时期产品仍以釉与形取胜而少见纹饰装饰。器物种类上与唐代中晚期变化不大，但胎体更薄，器形更加轻盈，圈足类器物的圈足普遍加高且外撇趋势明显。装烧上，这一时期大量使用瓷质匣钵装烧。

北宋早期器物胎釉质量较晚唐五代有所衰落。最大的变化是从以釉与造型取胜转变为以装饰取胜，流行细线划花，题材主要是花卉与禽鸟。无论是器形还是纹饰，均与金银器关系密切。装烧上与唐五代相比发生重大变化，窑具主要是各种陶质的匣钵与执圈，基本不见瓷质。

北宋中晚期越窑由盛转衰，胎釉质量进一步下降，越到后段胎质越粗、

---

[1] 江西省文物考古研究所等：《江西乐平南窑窑址调查报告》，《中国国家博物馆馆刊》2013 年第 10 期。
[2] 秦大树等：《景德镇早期窑业的探索——兰田窑发掘的主要收获》，《南方文物》2015 年第 2 期。

釉色越差。装饰除大量的细划花外还出现大量的刻花等，很多图案比例失调。装烧工艺上，匣钵使用逐渐减少，开始更多使用明火裸烧。

南宋时期的越窑发生了巨大的变化，产品从釉色上看可以分成两种：传统的青釉与新出现的乳浊釉。出土较多的礼器与陈设用瓷。装烧方式上出现了支钉垫烧。产品及工艺明显与汝窑、南宋官窑有着密切的联系。

空间上，唐宋时期的越窑可以划分成两种类型：沿海型与内陆型。沿海型主要包括慈溪、宁波、台州以及温州等地区；内陆型则包括沿海以西的整个浙江以及江西部分地区，如浙江中西部的金华、衢州、丽水地区，浙江北部的德清地区。

沿海型以慈溪上林湖为代表，宁波、台州、温州一带的产品在产品器类、工艺技法、成型技术、装烧方法等方面与中心产区上林湖窑址群非常一致，产品质量高超。内陆型产品质量一般，胎质较粗，器类相对较少。产品除传统的青釉外，尚有酱色釉、黑色釉等，其中最具特色的是月白、玫瑰紫等乳浊釉的创烧，是以青瓷为特色的浙江地区极具特征的产品。内陆型在胎釉特征、器形、装烧等方面既与上林湖地区的越窑有相似性，又有浓厚的自身特色，而且这种自身特色与距离上林湖的远近成正比，距离越远，相似性越低，自身特色越明显。

在北宋中期前后，伴随着越窑整体胎釉质量的下降及大量装饰技法的出现，越窑在空间上有一个爆炸式的扩张：沿海主要由浙江海岸线南下进入台州地区、温州地区，并沿瓯江而上进入龙泉地区，在龙泉形成一个全新的窑场与地方类型。内陆主要是沿金衢通道进入婺州窑分布区，集中在东部的金华、武义、东阳、浦江、义乌等县市。越往西产品质量越差，器类越单一。

（本文原刊于《文物天地》2018 年第 9 期）

龙泉窑考古新进展

  龙泉是一个县级市，目前隶属于丽水市，位于浙江省西南部的浙、闽、赣边境，东接云和、景宁县，南毗庆元县，北邻遂昌、松阳县，西与福建省浦城县交界，是温州、丽水进入闽赣两省的通道之一，自古为闽、浙、赣毗邻地区商业重镇，素有"瓯婺八闽通衢""驿马要道、商旅咽喉"之称。

  龙泉窑窑址的分布以浙江省龙泉市境内最为密集。龙泉市境内的窑址可分成龙泉东区与龙泉南区两大部分，以龙泉南区为核心。

  龙泉东区位于龙泉东部紧水滩水库周边，窑址数量庞大，约有200多处，20世纪70~80年代因配合紧水滩水库建设而做过大规模的发掘，面貌相对比较清晰。这一窑址群时代相对较晚，以元代晚期与明代为主，产品质量较差，基本为外销瓷器，不能代表龙泉窑的技术水平与基本面貌。

  龙泉南区以大窑为核心。大窑龙泉窑遗址位于龙泉市南40千米处的琉华山下大窑村一带，明代以前称"琉田"，是龙泉窑的起源地和中心产区，"龙泉窑"因此得名。大窑龙泉窑遗址跨龙泉、庆元两县，包括今龙泉市小梅镇、查田镇和庆元县竹口镇的大窑、金村、石隆、溪口四大片区，约有窑址160处。金村窑址群位于龙泉南区的最南端。

一、龙泉窑考古历程

  20世纪20年代，陈万里先生走出书斋，开始对浙江的瓷窑址进行实地调查。陈先生迈出的这一步，不仅完成了其个人从传统文人向近代考古学者的蜕变，同时亦拉开了近现代瓷窑址考古的大幕，在中国陶瓷史上具有里程碑式的意义。从1928年开始，陈万里先生八次对龙泉窑进行考古调查，在实地考察时对包括哥窑在内的龙泉窑问题进行了大量研究与思考。

龙泉地区正式的考古工作要到20世纪50年代以后才展开，主要有以下两部分：

1. 为配合紧水滩水库建设对龙泉东区进行的调查与发掘工作

紧水滩水库建设工程三起三落，龙泉东区的考古工作亦随之起伏。1958年初夏对龙泉东区及紧水滩水库淹没区进行了第一次实地调查，共确定窑址75处；1974年4~6月进行第二次调查，窑址数量达到了108处，其中大部分窑址在水库淹没区内；1980年进行第三次调查，窑址总数翻了一番多，达到了218处，这也是目前对龙泉东区最为详细的调查与统计的窑址最大数量。在对龙泉东区的调查过程中，1959年还在在丽水市区范围内发现了宝定与吕步坑窑址。

1979~1983年，国家文物局组织社科院考古研究所、中国历史博物馆、故宫博物院、上海博物馆、南京博物院和浙江省博物馆共同组成紧水滩工程考古队，分组、分地区地对水库淹没区内的古窑址进行调查、发掘，主要有山头窑、大白岸、安仁口、安福、上严儿村和源口林场等地窑址。[1]

这一时期成果多数以简报的形式及时发表，主要有《浙江龙泉青瓷山头窑发掘的主要收获》《山头窑与大白岸——龙泉东区窑址发掘报告之一》《浙江龙泉市安福龙泉窑址发掘简报》《浙江龙泉安仁口古瓷窑址发掘报告》《汽水处龙泉青瓷上严儿村发掘报告》等。[2]考古队浙江组经手发掘的山头窑、大白岸和源口林场三个窑址群资料集结成《龙泉东区窑址发掘报告》[3]，于2005年由文物出版社出版，这是龙泉窑第一部正式的大型考古发掘报告，对紧水滩水库主要发掘所得进行了系统阐述。龙泉东区的考古发掘表明，东区的产品质量略次于南区，且主要的生产时间为元末到明代中期，不能全面反

［1］浙江省文物考古研究所：《龙泉东区窑址发掘报告》，文物出版社，2005年。

［2］李知宴：《浙江龙泉青瓷山头窑发掘的主要收获》，《文物》1981年第10期；紧水滩工作考古队浙江组：《山头窑与大白岸——龙泉东区窑址发掘报告之一》，见《浙江省文物考古所学刊》，文物出版社，1981年；中国社会科学院考古研究所浙江工作队：《浙江龙泉县安福龙泉窑址发掘简报》，《考古》1981年第6期；上海博物馆考古部：《浙江龙泉安仁口古瓷窑址发掘报告》，《上海博物馆集刊·第三辑》，上海古籍出版社，1986年；中国历史博物馆考古部：《浙江省龙泉青瓷上严儿村窑址发掘报告》，《中国历史博物馆馆刊》总第8期，1986年。

［3］浙江省文物考古研究所：《龙泉东区窑址发掘报告》，文物出版社，2005年。

映龙泉窑的发展序列和工艺成就。

紧水滩水库的发掘工作对中国陶瓷考古具有里程碑式的意义。1981 年，中国考古学会第三次年会在杭州召开，青瓷窑址第一次成为大会的主题之一，在大会上，苏秉琦先生提出紧水滩水库的发掘是"中国考古学一个新兴学科分支——陶瓷窑考古大规模崛起的标志"。

紧水滩水库考古发掘可以作为中国陶瓷考古学真正成熟的标志，不仅在于其是国内首次最大规模陶瓷考古实践以及一系列相关考古简报与报告的发表，而且以任世龙先生为代表的学者对陶瓷考古的理论、方法进行了深入的思考，先后发表了《瓷窑遗址发掘中的地层学研究》《浙江古代瓷业的考古学观察——遗存形态·制品类型·文化结构》《瓷窑址考古中的"瓷窑"和"窑系"》《浙江瓷窑址考古实践与认识》等论文[1]。陶瓷考古作为考古学的一个分支学科，除遵循考古学的一般规律外，还有其强烈的自身特征。表现在地层学上，首先与多数遗址地层逐渐形成的过程不同，窑址的地层尤其是使用过程中形成的废品堆积通常是"瞬间"形成的；其次因废品倾倒过程中的流动，窑址坡相堆积坡底部分的堆积层次远不及坡顶部分表现得清晰明确，坡底部分的堆积某种程度上与"二次堆积"相似。这些探索，对于今天的陶瓷考古发掘仍有极大的指导意义。

2. 为恢复龙泉窑对龙泉南区进行的调查与发掘工作

1957 年，浙江省文物管理委员会对包括大窑、金村在内的窑址进行了初步的调查，其中以大窑的工作为主体。

1959~1960 年，浙江省文物管理委员会组成龙泉窑调查发掘组，对龙泉南区古代瓷窑进行了调查，并对大窑和金村两个地方的数处窑址进行了局部发掘和试掘（发掘点现编号为大窑 A3-34、A3-51、A3-53、A3-54、A3-55，金村 A3-25、A3-26，发掘点数量较多，但规模均较小，总计发掘面积仅 600 余平方米）。简报于 1988 年发表于《龙泉青瓷研究》，初步理清了龙泉窑最核

---

[1] 任世龙：《瓷窑遗址发掘中的地层学研究》，见苏秉琦主编《考古学文化论集（三）》，文物出版社，1993 年；任世龙：《浙江古代瓷业的考古学观察——遗存形态·制品类型·文化结构》，见《浙江省文物考古研究所学刊》，长征出版社，1997 年；任世龙：《瓷窑址考古中的"瓷窑"和"窑系"》，见《浙江省文物考古研究所学刊·第 5 辑》，杭州出版社，2002 年；任世龙：《浙江瓷窑址考古实践与认识》，见《宿白先生八秩华诞纪念文集》，文物出版社，2002 年。

心地区——龙泉南区窑业的基本面貌与发展脉络。研究表明，至少在南宋时期，龙泉窑厚釉类产品可以划分成黑胎与白胎两类，其中的黑胎产品与南宋官窑有着密切的关系。

1980 年任世龙先生对金村窑址进行调查，在屋后的断面上发现了上下叠压的"五叠层"，从而建立了金村地区窑业发展的完整序列。依据龙泉金村窑址调查中所发现的五叠层堆积关系，龙泉大窑和金村窑址发掘所得的地层编序，龙泉东区在大白岸、山头窑窑址地层编年资料，任先生在明确划分龙泉青瓷两大系列、三个不同品种的类型学研究基础上，提出了六大考古期别，首次建立起"白胎、淡青色薄釉、纤细划花"——"灰白胎、青绿色薄釉、内外双面刻花"——"厚胎薄釉、器里单面刻花"——"厚胎薄釉与薄胎厚釉共存，盛行外壁单面刻划莲瓣纹共饰"——"厚胎厚釉，釉色葱绿高档青瓷"——"胎质粗劣、坯体厚重、釉色灰绿"的序列框架[1]。

"在龙泉金村和与之地域相连的庆元上垟窑址群落中，明确存在着与北宋前期越窑瓷器风格面貌雷同的一类遗存，这可以视为未被吸收的外来因素，或者说是越窑的'龙泉地域类型'。在金村的一处堆积断面上，其清晰的五叠层位关系表明，它和另一种以'双面刻划花'为特征的碎片堆积分处在第五、第四两个层位，两类遗存的包含物具有全面性的特征变异，显然难以视为同一系统的两个不同阶段，而当属文化性质的不同。但是，在两种类型的制品中，却可以见到以'五管瓶'和与其配伍成双的'带盖长颈瓶'两种器形为典型代表的地方性因素。如果按照地层编年和拙作《龙泉青瓷的类型与分期试论》，把上述的两种遗存分别视为龙泉一、二两个期别，则随后的三、四两个分期可以明确无误地视作对第二期的继承和发展，从而构建起龙泉青瓷'厚胎薄釉刻划花'的形态序列。即便在第四期的龙泉南区遗存中发现与它的形态特征形成强烈对照的另一种序列遗存，即通常被描述成'薄胎厚釉素面'特征的青瓷，构成两个序列的平行共生，这个被称为传统特色的厚胎薄釉青瓷生产，也仍然在当时占有绝对优势地位，是龙泉窑的本体和主干系统，而薄胎厚釉者仅仅是极有限的某几处窑场烧制的极其精美的制品。但是这种历史真实却

---

[1] 任世龙：《龙泉窑的双线生产——再论龙泉青瓷的两大系列》，见《瓷路人生：浙江瓷窑址考古的实践与认识》，文物出版社，2017 年。

被人们的认识所扭曲，以至完全地被颠倒过来，'梅子青'之所以成为龙泉窑的代名词，其根本的原因即在于此。"[1]

这可以说是对龙泉窑的时空特征最深刻而全面的认识。

3. 以课题为导向对龙泉地区窑址进行的详细调查与重点发掘

2006年起，经国家文物局批准，在制订五年考古工作规划的基础上，浙江省文物考古研究所等单位对龙泉地区的古代窑址进行了系统的全面调查，并对重点窑址进行了有计划的发掘，主要工作有以下几项。

（1）枫洞岩窑址的发掘

2006年9月~2007年1月，以探讨文献提到的"凡烧造供用器皿等物……行移饶、处等府烧造"这个明代处州烧造官器窑址问题为目的，浙江省文物考古研究所和北京大学考古文博学院、龙泉青瓷博物馆联合对大窑枫洞岩窑址（窑址编号A3-108，插图一）进行了发掘。这是首次在大窑地区进行大规模的发掘，揭露出丰富的窑炉（插图二）和生产作坊遗迹，确立了龙泉窑窑场的基本布局，出土了数十吨计的瓷片，取得了重要的成果。

插图一　枫洞岩窑址

---

[1] 任世龙：《浙江瓷窑址的考古实践与认识》，见《瓷路人生：浙江瓷窑址考古的实践与认识》，文物出版社，2017年。

（2）瓦窑垟窑址的发掘与溪口地区的调查

2010年底至2011年夏，浙江省文物考古研究所、北京大学考古文博学院、龙泉青瓷博物馆对瓦窑垟窑址进行了正式发掘，清理窑炉遗迹两处。其中一处发现四条窑炉的叠压打破关系，最早的窑炉内出土两件黑胎青瓷；另一处仅发现南宋时期青瓷，出土少量黑胎青瓷残片和极少量支钉窑具。该遗址地层完全被扰乱，但从器物形制和胎釉特征能清晰地区别宋元产品。黑胎青瓷残片出土

插图二　枫洞岩窑址窑炉

相对较少，胎壁较薄，有玻璃质釉和凝厚釉，釉色主要有灰青和粉青。（插图三）

在发掘瓦窑垟窑址的同时对溪口地区进行了全面系统的调查，确定这一地区烧造黑胎青瓷的窑址除瓦窑垟外还有瓦窑洞、大磨洞边两处。

（3）小梅瓦窑路窑址发掘

2011年9月~2012年1月，对龙泉县小梅镇瓦窑路窑址进行了正式发掘，窑址位于小梅镇政府所在地，在大窑遗址保护区大窑片区和金村片区的中间空白地段。发掘揭露窑炉一座、器物填埋坑若干，出土大量黑胎青瓷，几乎是一处纯烧黑胎青瓷的窑址。

（4）大窑地区的调查与勘探

2012年2月~2013年8月，对大窑地区的窑址进行了比较全面系统的调

插图三　溪口远景

查工作，初步确立了各窑址的基本面貌、生产核心、产品序列等窑业基本问题。（插图四）

（5）金村地区的调查与勘探

2013 年 9 月 ~2014 年 4 月，对包括庆元上垟地区在内的金村窑址群进行调查，确定窑址 30 多处（插图五）。通过此次调查，不仅对该地区的古代窑业有了全新的认识，而且对整个龙泉窑地区的窑业生产有了新的认识。

（6）石隆地区的调查与勘探

2014 年 4~8 月，对石隆窑址群进行了全面系统调查（插图六）。石隆窑址群与大窑、金村窑址群同处一个山吞中，以大窑为中心，石隆与金村为一北一南两翼。

（7）龙泉东区的再调查

2013 年 2 月 ~2014 年 3 月，对龙泉东区窑址重新进行调查（插图七），这是紧水滩水库蓄水后的首次调查工作，重新确定了窑址保存情况及现存窑址数量等。

插图四　大窑村

插图五　金村

插图六　石隆

插图七　龙泉东区

二、21 世纪以来龙泉窑考古的主要收获

1. 进一步厘清了龙泉窑的时空特征

（1）大窑地区

在大窑垟底一带发现了南宋早期产品，除沿袭北宋的透明薄釉外，还有少量的乳浊釉产品（彩图八：1），首次从窑址资料上证明龙泉窑的乳浊釉至少起源于南宋早期，并在南宋中期前段成为主流产品。部分产品的器形及胎釉特征与南宋时期的越窑较为接近，说明南宋早期的龙泉窑可能与越窑一样，也通过"制样须索"的方式承担宫廷用瓷的生产，并且可能是主要产地。

发现了大量生产黑胎青瓷的窑址。黑胎青瓷的分布区域几乎覆盖大窑全境，生产规模较大，有近 30 处窑址，其生产的中心当在大窑地区。大窑黑胎青瓷的产品面貌相当复杂，除厚釉类精细器物外（彩图八：2），亦有薄胎薄釉、厚胎薄釉、厚胎厚釉等类型，胎色从灰到灰黑，釉色亦复杂多样。大窑黑胎青瓷的生产时代不限于传统上认识的南宋晚期，往上可推至南宋早期，往后可延至元代，黑胎青瓷在龙泉地区完全可能有自身发生、发展、成熟与衰落的轨迹。以大窑为代表的龙泉黑胎青瓷，基本特征为黑胎，紫口铁足，胎骨厚薄不一；青色釉，深浅不一，以粉青为上；开片纹，片纹亦大小不一，即所谓的冰裂纹、梅花片、鳝血、蟹爪纹等，与文献记载的哥窑特征相吻合，可能就是文献记载的宋代哥窑产品。

（2）金村地区

在分期上将原来的五期细化成北宋四期、南宋三期、元明两期共约九期的发展序列，建立起了金村地区古代窑业更清晰的发展脉络。揭示了金村地区有别于大窑地区的独特窑业面貌，并以此为启示将龙泉地区的古代窑业划分成三个不同的类型，不同的类型有自身的发展过程，同一时期不同类型面貌差别较大，这是自 20 世纪 50 年代以来对龙泉窑认识的再次突破。龙泉窑的面貌除不同期别的时代差异外，还存在着地域上的巨大差别。（彩图八：3）

（3）溪口地区

调查结果表明，溪口烧造黑胎青瓷的窑场仅在南宋时期存在，且溪口一带仅有三处窑址有遗物存在（彩图九：1）。这表明龙泉黑胎青瓷的烧造并不

是大规模的存在，而是小范围、小规模的。也说明黑胎青瓷的烧造在南宋时期是高端的技术，是其他窑场向往但不可能掌握的生产技术，没有普及生产的可能性，其性质与宫廷有关。在随后进行的龙泉大窑各个遗址的调查中，越来越多的证据指向这一点，绝大多数出土黑胎青瓷的窑址都是南宋时期的。

（4）石隆地区

窑址群共有近 20 处窑址，始于北宋晚期。主体时代为南宋中晚期至元代早期，窑址数量最多、规模最大，产品种类最丰富、质量最高，几乎每个地点都有这一时期的产品，许多窑址从山坡至很高的山腰均有废品堆积。器形主要有各种类型的碗、盘、洗、罐、炉、瓶、钵等，质量极高。胎普遍白中略带灰，部分器物呈浅灰或深灰色，颜色深者接近于黑胎。釉色以粉青、灰青、青黄等色为主，釉层普遍较厚，玉质感强。南宋时期产品以素面为主，凸起的莲瓣纹是主体纹饰，常见于敞口碗、直口盖碗、敛口钵等器物上，此外部分器物也见有装饰凸起的弦纹、扉棱等。基本为匣钵单件装烧，M 形匣钵为主，也有平底匣钵。垫具均为瓷质，有圆饼形、圆饼中心略下凹形、T 字形等，T 字形垫饼下通常再垫以小的泥饼以固定于匣钵底部。元代晚期至明代早期窑址数量极少，产品以碗与盘类器物为主。胎体厚重，胎色普遍较早期更白。釉以梅子青色为主，也有豆青、青黄色等。流行刻划装饰，题材多为花卉纹饰。产品除白胎青瓷外还有黑胎青瓷（彩图九：2），胎色深浅不一，釉色变化极大，结合了大窑、小梅、溪口诸窑址的主要釉色。部分土黄胎的器物釉色与传世哥窑接近，此地很可能是传世哥窑的重要生产地。

2. 厘清了明代龙泉窑烧造宫廷用瓷的基本问题

枫洞岩窑址烧造年代主要为明代，出土物中包括了大量与故宫旧藏造型和纹饰相同或相似的具有"官器"特征的器物，证实了龙泉窑在明代早期向宫廷贡瓷的历史事实。由于出土了丰富的明代早期遗物（彩图九：3）和有明确纪年的堆积层，对龙泉窑明代早、中期的分期有了崭新的认识，纠正了明代龙泉窑衰落的错误观点，并基本解决了元、明龙泉窑青瓷的分期和技术发展等问题，比较完美地达到了发掘的学术目标。枫洞岩的发掘，对于进一步探索龙泉窑与宫廷用瓷的关系，了解晚期龙泉窑的面貌具有重要意义。

3. 推动了对龙泉黑胎青瓷的研究

龙泉黑胎青瓷发现于民国时期，陈万里先生先后在溪口与大窑地区确认了黑胎青瓷的存在，并对溪口瓦窑垟窑址进行了较为详细的介绍。1959年末至1960年初，朱伯谦等先生对龙泉窑的核心地区大窑、溪口、金村等进行了调查及小规模的试掘，在大窑、溪口两地确认了五处烧造黑胎青瓷的窑址，后又在溪口骷髅湾和李家山两处窑址发现了黑胎青瓷产品。[1]由于陈万里先生的巨大影响力，加之大规模盗掘使大量标本出现在市场上，溪口瓦窑垟窑址几乎成为龙泉黑胎青瓷的代名词。而最近十年的考古资料表明，龙泉黑胎青瓷窑址远不止这区区若干处。

近年来我们在大窑、溪口、石隆、小梅镇以及龙泉东区均发现了烧造黑胎青瓷的窑址，几乎遍布整个龙泉地区，其中小梅瓦窑路窑址是目前已知唯一一处纯烧黑胎青瓷的窑址。出土的黑胎青瓷瓷胎很薄，釉有两种，即碎片纹玻璃质釉和粉青凝厚釉（不开片）。碎片纹玻璃质釉青瓷的釉质玻化，较透明，釉层开片密集，可谓"百坂碎"，釉色较深，主要有灰青色、灰黄色等；器形主要有八角盏（彩图九：4）、八角盘、菱口盘、悬胆瓶、纸槌瓶、鬲式炉、鼓钉炉、碗、盏、把杯、洗、碟、觚、盒、唾盂、盖罐、鸟食罐、圆纽器盖等，器形小巧，制作工整。粉青凝厚釉青瓷主要出于窑炉底部，釉质凝厚不透明，器形有莲瓣纹碗、莲瓣纹盘、八角盏、菱口盏、八角盘、洗、樽式炉、圆纽器盖等，与前者相同。

大窑地区生产黑胎青瓷的窑址目前共发现近30处，产品面貌其复杂多样。与白胎青瓷一样，黑胎青瓷的烧造中心也应该在大窑地区，而不是溪口地区，黑胎青瓷很可能是在龙泉地区产生、发展与兴盛的。

龙泉的黑胎青瓷与明清文献记载的哥窑有密切的关系。综合明清两代的主要文献来看，"哥窑"一词实由明代人提出，基本概念在嘉靖年间后期形成并被清代所沿用，所指的对象为宋代龙泉生产的黑胎产品，与龙泉章氏兄弟中的章生一紧密联系。基本特征为黑胎，紫口铁足，胎骨厚薄不一；青色釉，深浅不一，以粉青为上；开片纹，片纹亦大小不一，即所谓的冰裂纹、梅花片、鳝血、蟹爪纹等。明清两代能明确区分宋代哥窑、元末新烧哥窑器、乌泥窑等类哥窑器及当世所仿哥窑器。

进入清末民国时期，关于哥窑产地与时代的认识与前朝无异，部分文献

---

[1] 朱伯谦：《龙泉青瓷简史》，见浙江省轻工业厅编《龙泉青瓷研究》，文物出版社，1989年。

仍全盘沿袭前人对哥窑的描述，但部分文献发生较大变化，出现了胎骨"红如凤唇"、釉色"以米黄、豆绿二色居多"的记载，并认为哥窑"以釉水纯粹无纹者为最贵"，"章氏兄弟窑，近世皆谓哥窑"。表明这一时期对哥窑的认识已相当模糊，可能将原来能明确区分的宋代哥窑、元末新烧哥窑器、乌泥窑等类哥窑器及当世所仿哥窑器等混为哥窑，而哥窑种种问题的产生均由此开始。[1]

（本文原刊于《文物天地》2018 年第 10 期）

---

[1] 沈岳明等：《浙江龙泉黑胎青瓷调查与发掘》，见国家文物局编《2013 中国重要考古发现》，文物出版社，2014 年。

北方青瓷窑址考古新进展

一、北方早期青瓷窑址考古

北方地区早期青瓷窑址并不多，目前知道的主要有河南安阳相州窑址、巩义白河窑址，河北临城陈刘庄窑址、临漳曹村窑址、磁县贾壁窑址、峰峰临水窑址、内丘早期邢窑址、山东淄博寨里窑址等。

贾壁窑址位于磁县贾壁村，产品主要为青釉器物，器形主要有碗、高足盘、钵等，特征与曹村窑产品基本相近，碗均为深腹饼形底。胎质普遍较粗，色较深，黑色斑点明显。外腹施釉不及底，流釉明显，釉色青黄，玻璃质感强。部分器物胎釉略细，质量较好，说明贾壁窑址在胎料的处理上已区分出精与粗，并进行了比较严格的控制。器物多为素面。窑具有筒形的支烧具与三叉钉形间隔具。明火裸烧。[1]

峰峰的临水窑址、邢台的西坚固窑址可以确认是北朝时期的窑址，在邢窑内丘西关窑区与临城陈刘庄窑区也发现了具有北朝风格的青瓷残片[2]。这些窑址的产品以深腹的饼形底碗、杯为主，外腹施釉不及底，内底因流釉而积釉严重。临水窑址产品以粗胎为主，最突出的特点是在部分产品的口部施用化妆土，这类碗可能占到产品的一半左右。西坚固窑址位于邢台县龙华乡西坚固村，产品也以碗为主，胎、釉、造型与贾壁、临水窑同类器物相似。内丘西关和临城东刘庄北朝风格的青瓷标本，厚胎、流釉、开片，胎质、胎

[1] 冯先铭：《河北磁县贾壁村隋青瓷窑址初探》，《考古》1959年第10期。
[2] 河北临城邢瓷研制小组：《唐代邢窑遗址调查报告》，《文物》1981年第9期；内丘县文物保管所：《河北省内丘县邢窑调查简报》，《文物》1987年第9期。

色等与临水窑址、西坚固窑址产品相似，但胎质略细，可能与本地区是邢窑的中心产区有关。[1]

荥阳翟沟窑址时代可以早到隋至初唐，生产以碗为主的粗青瓷。[2]

寨里窑址[3]位于山东淄博市淄川区寨里，共有四个地点，时代从北朝晚期一直延续到唐代中晚期。其中北朝晚期器物主要是碗，有少量的盆类器物。碗浅弧腹略浅，饼形底。胎厚重而疏松，胎色较深，有大量的气孔和黑色斑点。釉多呈青褐色、黄褐色和深褐色，后者釉层厚处接近于黑釉，外腹施釉不及底。流釉严重，内底一般积厚釉。北朝末期至隋代，器物种类明显增加，除碗以外，还有盆、罐、高足盘、盒、瓶、贴花罐等。碗腹明显加深，仍旧为饼形底。胎釉质量有所提高。胎体变薄，胎质变细，胎色变白，黑色斑点明显减少。釉色变淡，多呈浅青褐色、浅青色，玻璃质感强，施釉更加均匀，釉面明显干净而更莹润，外腹仍旧施釉不及底。有一定数量的装饰，尤其是贴花罐制作工艺复杂、题材丰富，有莲花、宝相花、宝塔、联珠纹及人面等，代表这一时期较高的制作水平。到唐代中晚期，器类又变得单一，主要是碗。基本为黑釉，釉色不够纯正，产品质量一般。窑具主要有两种，一种是筒形的高大支烧具，另一种是三叉钉形间隔具。明火裸烧。

此外，在山东地区还发现了一批隋代前后的青瓷窑址，包括曲阜的宋家村、徐家村、息陬，泗水大泉、尹家城[4]，泰安中淳于[5]，枣庄中东郝[6]，临沂朱陈[7]以及邻近的徐州户部山[8]等窑址。这批窑址的时代最早可到北朝晚期，最晚可到初唐，以隋代为主，产品面貌比较接近。以宋家村窑址为例，其位于曲阜原防山公社的宋家村，瓷器以碗为主，占产品的半数以上，此外还有罐、盘口壶、盘、高足盘、盆、瓶、砚、枕等。碗均为深腹饼形底。胎质较细，呈青灰色、灰白色和近白色。均为青釉，外施半釉，呈青绿色、淡

[1] 河北省邢台市文物管理处：《邢台隋代邢窑》，科学出版社，2006年。
[2] 张松林：《荥阳翟沟瓷窑遗址调查简报》，《中原文物》1984年第4期。
[3] 山东淄博陶瓷史编写组、山东省博物馆：《山东淄博寨里北朝青瓷窑址调查纪要》，见文物编辑委员会编《中国古代窑址调查发掘报告集》，文物出版社，1984年。
[4] 宋百川等：《山东曲阜、泗水隋唐瓷窑址调查》，《考古》1985年第1期。
[5] 山东大学历史系考古专业：《山东泰安县中淳于古代瓷窑遗址调查》，《考古》1986年第1期。
[6] 山东大学历史系考古专业、枣庄市博物馆：《山东枣庄中陈郝瓷窑址》，《考古学报》1989年第3期。
[7] 冯沂：《山东临沂朱陈古瓷窑址调查》，《考古》1995年第8期。
[8] 徐州博物馆：《江苏徐州市户部山青瓷窑址调查简报》，《华夏考古》2003年第3期。

青色和青黄色等，玻璃质感强。素面为主，装饰技法有刻划、贴花等，题材主要是花卉。使用支烧具与三叉钉形间隔具。[1]

以上几个窑址均是 20 世纪所发现，时代大多笼统地定为北朝或北朝晚期至隋代，但许多材料的整理研究及发表是在 21 世纪初。这些窑址的发现对探索北方地区瓷器的起源起到了重要的作用，将北方地区瓷器的烧造历史由唐宋时期提前到了北朝晚期至隋代。

21 世纪以来的相关工作主要在河北南部、河南北部这一相邻地区的安阳、邯郸、邢台一带展开，通过多年持续的调查发掘与研究工作，确认这一地区是北方地区早期青瓷的中心分布区，包括漳河流域安阳的相州窑址、临漳的曹村窑址以及邢台的早期邢窑遗址。河南地区除了豫北以外，在豫中也取得了突破性发现。

相州窑位于安阳市，是北方地区早期青瓷的代表性窑场。北魏天兴四年（401 年）始置相州于邺城，北周大象二年（580 年）相州南迁至今安阳城，安阳改称相州，因此有学者将安阳发现的隋代窑址称为相州窑。窑址位于洹水南岸安阳城区，1974 年发现并进行过清理，但大规模的发掘则迟至 2006 年以后。2006~2010 年先后进行了三次发掘，发现瓷器坑、灰沟、沉淀池、窑炉以及废品堆积区等丰富的遗迹和包括窑具、青瓷产品、窑渣等在内的大量遗物。瓷器主要有碗、罐、瓶、钵、盂、高足盘、高足杯、器盖及瓷塑等（彩图一〇：1），瓷塑包括人物俑与动物塑像。以青瓷为主，可能兼烧白瓷、褐釉瓷。总体上器物的胎壁较厚，胎色灰白。青釉呈青灰、青褐等色，一般器物外腹施釉不及底，釉层薄而均匀，底部流釉与积釉明显。素面为主，有简单的花卉类纹饰，技法包括刻花、划花与印花三种。题材主要是莲瓣纹，有仰莲、覆莲，有的装饰在瓶的颈部，有的刻在盘的内底，此外还有卷草纹、花叶纹、宝相花纹、几何纹、乳丁纹等。明火裸烧，碗类大口器物叠烧，器物之间使用三叉钉形间隔具。时代主要是隋代，下限可到唐代早期。[2]

安阳地区曾于 1995 年在辛店乡灵芝村清理一处窑址，出土少量的瓷器，

---

[1] 宋百川等：《曲阜宋家村古代瓷器窑址的初步调查》，《景德镇陶瓷》总第 26 期（中国古陶瓷研究专辑·第二辑）。

[2] 河南省博物馆、安阳地区文化局：《河南安阳隋代瓷窑址的试掘》，《文物》1977 年第 2 期；孔德铭：《安阳相州窑及相关问题研究》，《殷都学刊》2014 年第 1 期。

有盒、罐、瓶和钵形器等，面貌与城区发掘的窑址产品差别比较大，而与贾宝墓中出土的青中泛黄、近似青白釉的瓷器较为接近，可能属于另外一个窑业类型。[1]

曹村窑址[2]位于河北临漳县习文乡曹村附近的漳河河床上，在邺北城东城墙外约 500 米，与安阳的相州窑处于同一流域，2009 年调查发现。采集到的瓷器主要为青釉器物，器形以碗为主，另外亦有豆形的高足盘以及钵类器物。碗作深腹饼形底。胎质明显可分成精粗两类，精细者胎色浅白而质地坚，粗者胎色较深而胎质粗疏。但不论精粗产品，胎质明显都较疏松。釉色泛黄，釉层薄，釉面光亮，剥釉现象严重。窑具主要是筒形的支烧具与三叉钉形间隔具。明火裸烧。调查者认为窑址时代在东魏至北朝晚期。2016 年进行正式发掘，发现窑炉、灰坑与灰沟等遗迹。出土的青釉器物主要是深腹饼足碗。发掘者认为绝大多数器物为低温青釉器，属于低温釉陶，高温青釉瓷器的比例极低，窑址的时代为北朝晚期而不是东魏至北朝晚期。[3]

在邢台内丘与临城等邢窑核心分布区内还发现了多个隋至初唐时期的青瓷窑址。邢台地区隋代邢窑大规模的发掘时间虽然是在 1997 年，但资料的整理与出版则延宕至 2006 年，因此可认为是 21 世纪的重要考古成果。产品以白釉瓷器为主，其次是黑釉瓷器与所谓的黄釉瓷器，《邢台隋代邢窑》报告中所称的黄釉瓷器可以归入青瓷瓷器中。器形以深腹饼足碗为主，有少量的钵与高足盘。胎体较为规整，胎质较细，胎色较白。里外均施釉，内底积釉明显，外腹施釉不及底，流釉与积釉明显。胎釉之间普遍施以一层白色的化妆土，衬托出釉面莹润的厚重感。[4]

在邢窑核心分布区的内丘与临城地区，隋唐时期的窑址至少有白家庄、冯唐、内丘城关、西丘、中丰洞、北大丰、代家庄、陈刘庄等近 10 处窑址。从初步分期来看，邢窑在北朝晚期至隋代早期以烧造青瓷为主，白瓷较少；器形以深腹饼形底的碗为主，包括钵、盘、罐、瓶等；青瓷器物的胎体粗糙

［1］河南省博物馆、安阳地区文化局：《河南安阳隋代瓷窑址的试掘》，《文物》1977 年第 2 期；孔德铭：《安阳相州窑及相关问题研究》，《殷都学刊》2014 年第 1 期。

［2］王建保等：《河北临漳县曹村窑址考察报告》，《华夏考古》2014 年第 1 期。

［3］沈丽华等：《河北临漳邺城遗址曹村青釉器窑址》，见国家文物局编《2016 中国重要考古发现》，文物出版社，2017 年。

［4］河北省邢台市文物管理处：《邢台隋代邢窑》，科学出版社，2006 年。

厚重，黑点和气孔多。到了隋代晚期，白瓷超过青瓷成为主流，但青瓷尚占有相当的比例；器形总体上变化不大，以深腹饼形底碗为主，包括盆、盘、钵、罐、瓶等；胎质有所进步，总体上仍旧较粗，胎体较厚；外腹施釉不及底，釉质量一般。从产品质量上说，隋代晚期是河北一带邢窑地区青瓷发展的高峰。初唐以后，青瓷的比例与质量不断下降，白瓷取代青瓷成为主流。[1]这样，早期青瓷在北方地区的流变基本清晰。

豫中白河窑址的发掘也取得了重要成果[2]。白河窑址位于河南巩义市北山口镇白河村，发掘者认为窑址时代始于北魏，延及唐代。但这一时代可能定早了，因为窑址主体年代还是以隋代为主。隋代产品以青釉瓷器为主，白釉瓷器次之，黑釉瓷器少见。青釉瓷器以碗为主，另有盘、豆、钵、盆等器物，其中碗作深腹饼状实足，口沿外饰弦纹一道。胎体一般较厚重。大口类器物如碗等一般内腹均施釉，外腹施釉不及底，器内积釉现象较严重，外腹则流釉明显。基本为素面，少见装饰纹样。不见化妆土。明火裸烧，窑具有大型支烧具与三足钉形间隔具。唐代产品以白釉瓷器为大宗，黑釉和酱釉瓷器次之，不见青釉器物。

二、耀州窑考古

北方地区的青瓷始于北朝末期至隋代初期，兴盛于隋，延及初唐，中唐以后被白瓷所取代，胎釉质量进一步下降，由此形成北方白瓷与南方青瓷的大格局。但在北方白瓷的大格局中，有一个窑场反其道而行之，晚唐以后其青瓷产品逐渐成为主流，五代、北宋时期以青瓷名满天下，这个窑场就是耀州窑。

耀州窑唐代创烧于黄堡镇，五代成熟创新，宋代鼎盛繁荣，金代延续发展，金末蒙元时日渐衰落，明中期以后逐渐停烧。唐代耀州窑先烧黑、白、茶叶末釉和唐三彩、低温单彩等，后又烧黄褐釉瓷和青瓷，水平逐步提高。五代时以青瓷为主，水平迅速提高。宋金耀州窑繁盛时期的青瓷以刻花和印花工

[1]内丘县文物保管所：《河北省内丘县邢窑调查简报》，《文物》1987年第9期。

[2]河南省文物考古研究所、中国文化遗产研究院：《河南巩义市白河窑遗址发掘简报》，《华夏考古》2011年第1期；河南省文物考古研究所等：《巩义白河窑考古新发现》，大象出版社，2009年。

艺的大量使用而独具特色，装饰纹样达上百种，其中植物纹样以牡丹、菊莲为主（彩图一〇：2），动物纹样以鱼、鸭、鹅等为主，人物纹样则以体胖态憨的婴戏为最多。[1]

20 世纪耀州窑的考古工作主要集中在黄堡镇一带，这里是唐宋时期耀州窑烧造的中心区，尤其是宋代的窑址，沿着漆水河两岸绵延十多里，分布范围广、密度高、地层堆积厚。金代后期开始规模逐渐萎缩，工艺水平粗糙，窑场日渐衰落。1959~1997 年在这一地区先后进行了三次大规模的发掘，出版了三部上百万字的发掘报告，全面深入了解了鼎盛时期耀州窑的发展脉络与基本面貌。

21 世纪的考古工作主要集中在陈炉地区，重要探索北宋衰落后的耀州窑面貌。陈炉地区窑址群包括立地坡、上店与陈炉三大片，2002~2004 年进行了全面、拉网式的调查、勘探与重点窑址的试掘，基本清楚了金元及之后耀州窑衰落时期的基本面貌及流变过程。[2]

黄堡镇耀州窑金代衰落，其中心窑场先是逐渐转移到立地坡与上店一带，明清时期又转移到陈炉一带，由此构成一个完整的发展过程。

立地坡窑场在金代规模不大，仍处于向黄堡镇学习的阶段，到了元代，规模与区域迅速扩大。在立地坡 3~5 千米的范围内发现了 20 多个烧造点，几乎所有的烧造点均有元代的堆积层。由此，在元代完成了耀州窑从黄堡镇向立地坡的转移。

上店窑场的时代主要是金元明时期，规模一直不大且分布较散，是立地坡窑场的重要补充。

之后，距立地坡约 5 千米的陈炉窑场兴盛发展，窑场规模与制瓷工艺均超过立地坡，明清以降形成了新的耀州窑瓷业中心。

金代是立地坡窑场的创烧时期，产品以青釉为主，黑釉占极少部分，器类主要是日常的碗盘类生活用品。装饰以印花为主，刻划花不多。纹饰以植物花卉为常见，动物、人物纹比较少。青色釉较为纯正，胎质致密，胎釉结合较好，质量较佳。

---

[1] 禚振西：《中国耀州窑·前言》，见北京艺术博物馆编《中国耀州窑》，中国华侨出版社，2014 年。
[2] 耀州窑博物馆等：《立地坡·上店耀州窑址》，三秦出版社，2004 年。

蒙元时期是立地坡窑场大发展的时期，窑场分布广泛，除青釉类制品外，黑釉器物也有了较大发展，此外还有酱釉与茶叶末釉瓷器。产品种类仍主要是日用品。青釉泛黄，胎釉质量下降。元末至明代，产品发生巨大的变化，青釉只占极少部分，大多为黑釉，也有酱釉、茶叶末釉、白地黑花、复色釉、白釉黑箍、青釉白彩等。青釉瓷器基本进入尾声。[1]

陈炉窑场自金代晚期开始出现，一直延续到 1949 年后的合作社。鼎盛时期为明清，与立地坡相似，这一时期的青瓷生产在整个窑业中占极小的比例，基本淡出历史舞台。[2]

三、河南青瓷窑址考古——临汝窑、汝窑

河南、河北是北方地区最主要的两个窑业大省，两省交界处在北方早期青瓷的发展史上扮演了重要的角色，但是这一青瓷传统在唐代早期以后逐渐式微，并从此再未回潮。

河南中部的伏牛地区，除靠北的巩义等区域有少量早期青瓷外，整体上窑业的出现相对比较晚，到唐代规模仍旧不是很大，成规模成序列的发展则要迟至宋代。与豫中北地区以生产白瓷与白地黑花瓷器为主不同，这一地区的青瓷在陶瓷史上扮演了非常重要的角色，尤其是在北宋晚期至南宋初期南方越窑衰落、龙泉窑未兴起的"空档期"，这里的青瓷生产异军突起，以临汝窑规模最大、延续时间最长，而汝窑名气最大。此外，这一地区的钧窑也可以归入青瓷窑系，但其产品与传统的透明薄釉、单色釉类青瓷完全不同，此处暂不论述。

临汝窑的名称是冯先铭先生 1964 年对河南省临汝县宋代瓷窑遗址调查后提出的。他认为汝窑由两个主要部分组成，一部分是专为宫廷烧制的瓷器，烧制时间短，生产数量少，而质量很精；一部分是为民间烧制的瓷器，是汝窑的主要部分，烧造时间长，生产数量多，质量也比较好，这一部分称为临汝窑。[3]现在多数学者认为汝窑是在临汝窑技术发展的基础上因宫廷需要演

[1] 耀州窑博物馆等：《立地坡·上店耀州窑址》，三秦出版社，2004 年。
[2] 耀州窑博物馆：《陈炉耀州瓷精萃》，文物出版社，2007 年。
[3] 冯先铭：《河南省临汝县宋代汝窑遗址调查》，《文物》1964 年第 8 期。

变而来的。

临汝窑的分布以禹州市为中心，包括周边的禹县、宝丰、郏县、鲁山以及新安、宜阳、内乡诸县。临汝窑约于北宋早中期创烧并初步发展，北宋晚期兴盛，金元时期逐渐衰落。产品丰富，以青瓷为主，亦兼烧白地黑花瓷、黑瓷、三彩瓷、酱釉瓷、花釉瓷和钧釉瓷等。青瓷以豆青、青绿色为主，亦有青褐、灰青、天青色等。青瓷产品在风格上可以分成三大类：一类是豆青和天蓝釉素面瓷，部分釉色青中偏黄；一类是具有耀州窑特征的刻花、印划花青瓷；一类是钧窑系的钧釉瓷。印花与刻划花装饰为主要特征，题材多为喜庆吉祥的牡丹、菊花、莲花、童子、鱼鸭、海波等。在其鼎盛时期的北宋晚期，产品装饰题材丰富，纹饰繁缛，釉面光亮，胎釉质量高超（彩图一〇：3）。[1]

由于伏牛山地区临汝窑、汝窑、钧窑类产品常在同一窑场出现，因此 21 世纪以来临汝窑的发掘工作主要在宝丰清凉寺与禹州神垕地区展开。

清凉寺窑址是汝窑与临汝窑的重要窑址。（插图一）

插图一　宝丰清凉寺汝窑遗址

官用天青色汝窑瓷器烧造地的确认是 20 世纪陶瓷考古的重要成果之一。1986 年在宝丰清凉寺发现了一批天青釉瓷器，确认这里就是北宋汝窑的产地[2]，正式考古工作随即于翌年展开。1987 年完成第一次试掘后，又分别于 1988~1989 年、1998 年、1999 年进行了数次考古发掘，但发现的主要是民用瓷器。官用天青釉汝窑瓷器烧造区的发现与发掘则在 2000 年以后。其中 2000~2002 年连续进行了 4 次发掘，2011~2016 年为配合汝窑现场展示馆的建设又进行了连续发掘，21 世

［1］陈东强：《临汝窑青瓷研究》，郑州大学硕士学位论文，2010 年。
［2］汪庆正等：《汝窑的发现》，上海人民美术出版社，1987 年。

纪以来共完成了 9 次发掘，加上 20 世纪的 5 次发掘，清凉寺窑址前后进行了 14 次发掘。2000~2002 年的发掘中清理了丰富的窑炉、作坊、过滤池、澄泥池、烧灰池、灰沟、水井、灰坑、瓷片堆积层等遗迹现象，还出土了大量的汝窑瓷器，囊括了所有传世汝瓷器形和釉色，同时出土了大量传世品未见器形，基本解决了汝窑产地、基本面貌与烧造工艺等问题（彩图一〇：4）。[1] 2011~2016 年的发掘则发现了大量的素烧器（彩图一〇：5）与所谓的"类汝瓷"标本。这类产品继承了汝瓷的器类，有熏炉、瓶、盘、碗等，尤以盘类居多，且形体较大，在汝瓷器物群中尚不多见。瓷器釉色类汝瓷，也为天青、青绿、卵青和月白，但釉面光亮，玻璃质感强，但玉质感不及汝釉。胎质细腻坚实，多数胎色灰白，少有香灰胎。烧造时代晚于汝瓷，可能进入了金代。[2]

清凉寺窑址产品面貌相当复杂，时代上从北宋早期一直延续到元明时期。最早的产品以白瓷为主，其次是豆青和淡灰釉瓷器，少量的黑釉与酱釉瓷器。北宋时期白瓷比例逐渐降低，青瓷比例不断提高，装饰纹饰的器物增多。北宋晚期，青瓷产品达到鼎盛，并且出现天青色的汝窑制品。金元时期，天青釉的汝窑器物不见，豆青釉瓷器质量逐渐下降，釉色变深泛黄。

与汝窑相关的另外一项重要工作是汝州张公巷窑址的发掘。张公巷窑址发现于 20 世纪晚期，2000~2004 年先后进行了 3 次小规模的发掘，出土了一批全新的青釉瓷器，既不同于临汝窑的豆青釉，也有别于宝丰清凉寺汝窑的天青釉，釉色可分为卵青、淡青、灰青和青绿等。产品以薄胎薄釉为主，釉面玻璃质感较强，有的器物表面满布细碎冰裂纹开片。胎质细腻坚实，胎色有粉白、灰白和少量浅灰色。器形有碗、盘、洗、瓶、壶、盏、盏托、熏炉、套盒和器盖等 10 余种。器底支钉痕呈非常规整的小米粒状，支钉分别为三、四、五、六枚。此外还出土了大量素烧器残片。这批器物主要出土于多个器物埋藏坑中，与杭州老虎洞窑址有相似之处。同时还发现了窑具与制瓷作坊。[3] 从出土器物质量、器形以及埋藏方式来看，该窑址产品应与宫廷用瓷有密切关系，在窑业技术上又与汝窑有紧密联系，大大丰富了汝窑研究的内容。2015 年 12 月，

［1］赵宏：《汝窑考古发现三十年》，《寻根》2017 年第 6 期。

［2］赵宏：《河南宝丰清凉寺汝窑发掘再获重要发现》，《中国文物报》2014 年 11 月 25 日第 8 版。

［3］孙新民：《汝州张公巷窑的发现与认识》，《文物》2006 年第 7 期。

张公巷窑址保护规划编制立项获得国家文物局批复，开始进行大规模发掘和研究工作。2016 年，相关部门完成了窑址周边地区的拆迁工作。2017 年，河南省文物考古研究院与北京大学考古文博学院联合对张公巷窑址展开第五次主动性、大规模的考古发掘。遗址以张公巷为界被分为西部（Ⅰ区）和东部（Ⅱ区）两个区域，分别开 10 米 ×10 米探方 8 个，5 米 ×5 米探方 9 个，发掘总面积1025 平方米，清理出砖瓦窑 3 座、房基 18 座、水井 4 个、灰坑 160 个、灰沟18 条、路 5 条，并于 T0510 发现青瓷埋藏坑和匣钵埋藏坑，出土张公巷窑青瓷标本 20 余件。2019 年上半年，在Ⅰ区东南角的探方 T0610 中，新发现张公巷窑青瓷埋藏坑两处，编号为 H813、H833，出土了匣钵、垫饼、耐火砖、烧土块、炭粒以及大量青瓷标本和残片，其中 H813 出土青釉八卦纹鼎式炉和龙纹花口平底盘各一件，H754 出土金木水火土五行镂孔熏炉盖一件，此三件器物为以往发掘所不见，为研究张公巷窑的性质和年代提供了新的材料。[1]

四、主要收获

1. 早期青瓷

通过对冀北豫南地区诸多早期青瓷窑址的发掘，明确了从安阳到临城一带的豫北冀南地区是早期青瓷的烧造中心。这些窑址地理位置非常接近，同属于一个窑业中心区，除安阳的相州窑外，河北贾壁、临水、曹村诸窑址均位于漳河南北两岸，窑址的时代始于北朝时期，但早期产品主要是釉陶，生产瓷器则主要迟至隋代，到了初唐时期又逐渐成了邢窑的中心，可以说这里是北方地区早期青瓷最为集中的区域。自东魏天平元年（534 年）元善迁都邺城以后，这一地区政治中心转移，豫北冀南的漳河沿岸一带成为政治、经济、文化中心。北齐时，这一带出现短暂的社会安定和经济繁荣的局面，陶瓷手工业得以较快地发展。至隋王朝统一后，封建经济和文化发展，邢窑等窑口迅速兴起，开创了制瓷手工业的新纪元。因此这一带窑业的发展与繁荣和这一时期以邺城为代表的北方政治中心的形成与发展有密切的关系。[2]

---

［1］赵文军等：《2019 年张公巷窑址考古新发现及再讨论》，见沈岳明、郑建明编《两宋之际的中国制瓷业》，文物出版社，2019 年。
［2］孔德铭：《安阳相州窑及相关问题研究》，《殷都学刊》2014 年第 1 期。

2. 耀州窑

21 世纪的耀州窑考古主要在陈炉地区展开，目的是探索耀州窑衰落之后的去向问题。大约在金代，耀州窑的烧造中心逐渐转移到了立地坡与陈炉地区，窑业面貌亦由多烧造青瓷转向多种类型的瓷器，从而建立起耀州窑流变的基本完整的过程。陈炉地区的窑业一直延续到晚清民国甚至新中国成立后，是晚清民国时期北方地区最大的瓷器烧造地，并留下了许多有关窑业生产与管理的碑文、档案与口耳资料，对探索中国古代窑业的管理制度有重要的借鉴意义。

3. 汝窑

21 世纪汝窑考古发掘与研究取得了重大的突破。20 世纪对清凉寺的考古主要集中在村南，产品主要是民用瓷器，真正意义上汝窑天青釉瓷器烧造中心的确定则是 21 世纪的事情，在村北的第四发掘区内不仅揭露了丰富的作坊遗迹，还出土了大量的汝窑标本，基本解决了汝窑的烧造问题。此外还发现了一批所谓的"类汝瓷"，加上近年来对张公巷窑址的持续发掘，为解决汝窑的去向问题提供了重要的材料。

五、存在的问题

关于北方地区早期青瓷出现的时间，目前诸多发掘报告与简报，尤其是 20 世纪的调查简报基本都推到了北朝晚期甚至北魏时期，但是从曹村的发掘情况来看，北朝时期的窑址产品绝大多数是低温的釉陶而非成熟的青瓷器。目前发掘的有明确地层关系的青瓷窑址，时代主要集中在隋代，整个北方地区可能主要是山东的寨里窑址时代可以早到北朝时期。因此北方地区制瓷业主要始于隋代。但北朝晚期与隋代的器物区别比较模糊，不可能一刀断成明确的前后两期。而隋代的窑业不仅完全成熟，且呈多点状开花，处于快速上升期，不排除之前有少量的试烧。从这两方面看，北方地区的制瓷业从北朝晚期开始也是有可能的，但成规模的出现则要到隋代了。

（本文原刊于《文物天地》2018 年第 11 期）

白瓷窑址考古新进展

唐代陆羽《茶经》中就提到了"邢白越青"，学界也一直用"南青北白"来概括唐代南北方陶瓷生产的格局。从目前的考古材料来看，唐及唐以前生产白瓷的窑址主要集中在北方地区。相较于南方地区越窑、龙泉窑、南宋官窑等窑口，对白瓷的调查研究，特别是对北方地区白瓷窑址的调查和发掘起步较晚，除定窑外，如邢窑、井陉窑等重要的白瓷窑址都是在 20 世纪 80 年代后才被发现，而系统的大规模考古发掘则大多在进入 21 世纪后才开始。此外南方地区也发现了一批唐宋时期烧造白瓷的窑址，为这一时期的瓷业格局增添了新面貌。

21 世纪以来，随着陶瓷考古工作的推进，一大批相关的白瓷窑址被发现、发掘，取得了较为丰富的成果，为我们了解古代瓷业的发展状况提供了新的材料和视角。对于陶瓷考古研究来说，一些陶瓷史的重要议题，诸如白瓷起源、南北方瓷业互动交流、瓷业与社会等也得到了重要的材料支撑。

一、早期白瓷窑址考古工作

白瓷开始生产的具体时间学界尚有争论。商代殷墟高等级贵族墓中出土的仿青铜器造型的白陶器，烧造温度在 1000℃ 左右，经过科学测试分析，其中部分高等级器物使用了纯度较高的高岭土原料，这对我们了解最早的白瓷有借鉴意义。另外值得注意的是东汉时期湖南地区墓葬出土的一类"早期白瓷"，其釉面呈灰白色，与同时期的青瓷有一定的区别，推测为湖南地区窑场生产。以上均为白瓷产生的线索，而学界的关注点则集中在北朝时期。

1971 年，河南安阳北齐范粹墓出土了一批白釉器物，胎质较白，烧造温度也很高，长期以来被认为是中国最早的白瓷，但随着研究的深入加之科技分析，现已基本断定范粹墓出土的白釉器物为铅釉器，并不是真正意义上的瓷器。目前发现的北朝时期纪年墓葬中还没有确认出土真正的白瓷。墓葬出土的白瓷最早要到隋代，如隋代张盛墓（595 年）、李静训墓（608 年）、姬威墓（610 年）等都出土了一定数量的白釉器物，釉色和胎质都达到白瓷的标准，这是中国白瓷出现的下限。特别值得注意的是 2009 年陕西西安南郊隋代苏统师墓（609 年）出土的一件白瓷深腹杯，器壁很薄，釉色洁白莹润，胎质坚实，可以达到透光的效果，各项指标都与后来景德镇的白瓷相近，表明至迟在 7 世纪早期中国北方地区就能够生产达到现代瓷器标准的高质量白瓷了。

瓷窑址方面，有关早期白瓷的发现主要集中在 21 世纪，如河南巩义窑、相州窑和河北邢窑等都发现了早期的白瓷。

1. 巩义白河窑[1]

2005 年 4 月 ~2008 年 3 月，河南省文物考古研究所等对巩义市白河窑遗址进行了考古发掘，发掘面积 2400 余平方米，发现窑炉 6 座，遗迹单位百余个。此次发掘最大的收获是发现了一批早于唐代的白瓷，发掘者将这批白瓷与汉魏洛阳城出土的定为北魏时期的器物进行对比，认为巩义白河窑这批早期白瓷的时代为北魏。不过也有学者指出汉魏洛阳城出土的白瓷年代并不能到北魏，其上限大致在隋代，所以白河窑窑址出土的早期白瓷也应为隋代制品。

白釉瓷器主要有杯、碗等器物，深腹，底部附圆饼状实足；胎体细白，器壁厚薄均匀；器内满釉，器外施釉过腹，没有垂釉现象，釉色一般都白中泛青，这是早期白釉瓷器的特征（彩图一一：1）。值得注意的是，此次发掘出土有叠烧青釉瓷器，且首次发现白釉瓷器和青釉瓷器叠烧，说明当时有同窑烧造白釉瓷器和青釉瓷器的现象。此次发掘也表明巩义白河窑是汉魏洛阳城内出土的早期瓷器的产地之一。

2. 相州窑[2]

2006 年河南省文物考古研究所、安阳市文物工作队对相州窑址破坏较为严重的区域进行了抢救性发掘，期待解决中国陶瓷史上白瓷起源的问题。此

---

[1] 河南省文物考古研究所等：《巩义白河窑考古新发现》，大象出版社，2009 年。

[2] 赵文军：《安阳相州窑的考古发掘与研究》，见中国古陶瓷学会编《中国古陶瓷研究·第十五辑》，紫禁城出版社，2009 年。

次考古发掘工作共发掘探方 7 个，面积 383 平方米，清理灰坑或窖藏坑 39 个、灰沟 4 条、水井 1 眼。出土可复原瓷器 900 余件，以及大量的瓷器标本和部分窑具。

瓷器主要器形有碗、高足盘、钵、罐、高足杯、瓶、器盖、盂、瓷塑等。其中包括一批白釉瓷器（彩图一一：2）。胎壁较厚，胎质较为细腻，胎色灰白。内外施釉，器外施釉不到底。施釉一般薄而均匀，流釉现象不甚显著。因系叠烧，器物里面都留有支烧痕迹。

除白瓷外，此次发掘还出土了隋代的青釉瓷和黑釉瓷。发掘者认为安阳地区隋代墓葬如张盛墓（595 年）等出土瓷器的产地应该就是临近的相州窑。

3. 邢窑[1]

邢窑自 20 世纪 80 年代发现以来历经多次考古发掘和调查，取得了丰富的成果。考古资料表明，邢窑最晚于北朝晚期开始生产，隋代产品质量提高，唐代发展到顶峰，五代之后逐渐衰落，宋元时期仍有烧造但产品面貌已发生根本性的转变。20 世纪 80 年代末到 90 年代初，河北省文物研究所对邢窑进行了全面调查，提出内丘城关为邢窑的中心窑场，并在内丘发现了隋代白瓷，特别是一些隋代透影白瓷标本。

2003 年，为配合内丘县城步行街建设，河北省文物研究所对内丘县西关村东南的邢窑窑址进行了发掘，发掘面积 1200 余平方米，出土了大量瓷器及残片。早期白瓷方面，除了大量隋代粗制白瓷外，还出土了集刮条、刻划、模印于一体的隋代透影白瓷碗，为透影白瓷增添了新品种。

2012 年，河北省文物研究所对 2003 年发掘区西邻的邢窑窑址进行了发掘，发掘面积 1200 平方米，出土瓷器、窑具残片 20 万件以上，完整和可复原器物超过 2000 件，同时伴出有大量的砖、瓦、陶盆、陶罐等残片。整体埋藏较深，遗迹、遗物丰富，遗迹关系复杂，收获颇多。此次发掘发现了大量邢窑早期遗物，其中不少为白瓷，还首次发现了隋三彩。

除了在内丘邢窑核心窑址的发现外，1997 年在邢台市区顺德路一带的基建工地还发现了一处烧造瓷器的窑址，2006 年出版了考古报告[2]。该窑址出

[1] 王会民：《邢窑三次发掘与收获》，见中国古陶瓷学会编《越窑青瓷与邢窑白瓷研究》，故宫出版社，2013 年。

[2] 邢台市文物管理处：《邢台隋代邢窑》，科学出版社，2006 年。

土了大量的黑釉和白釉瓷器，时代为隋，面貌与内丘邢窑窑址隋代产品类似。发掘出土的隋代白瓷一般有化妆土，釉玻璃质感较强，修足也比较精细。

二、唐宋时期北方地区白瓷窑址考古工作

唐宋是白瓷成熟繁荣的时期，相比在北朝至隋时的萌发，这一时期生产白瓷的窑场大量增加，而且主要集中在北方地区，其中比较有代表性的窑场包括河北的邢窑、定窑、井陉窑，河南的巩义窑，陕西的耀州窑，山西的介休窑、霍州窑等，此外诸如河南鹤壁窑、登封窑、鲁山段店窑和河北的磁州窑等也发现有生产白瓷。总的来说，唐代北方地区与南方地区形成了"南青北白"的大格局，到了宋代，虽然北方地区涌现出一批生产青瓷、彩瓷的窑场，但大量生产白瓷的局面依然存在。

21世纪以来，随着陶瓷考古工作的深入，对北方地区很多唐宋时期生产白瓷的窑场，如邢窑、定窑、巩义窑等有了更进一步的发现，其中2011年定窑和2012年邢窑的考古工作分别荣获了2011年度和2012年度"全国十大考古新发现"。此外井陉窑、宁夏贵房子窑等窑场也发现了白瓷，值得留意。

1. 邢窑

邢窑作为唐代最重要的白瓷生产窑场，在当时的文献中已经有相关记载。唐代李肇《国史补》："内邱白瓷瓯，端溪紫石砚，天下无贵贱通用之。"[1]《新唐书·地理志》也有"（邢州钜鹿郡）土贡：丝布、磁器……"[2]的记载。表明邢窑的产品当时在全国范围内被广泛使用，而且质量较高，并作为"土贡"之物进入官方。

20世纪邢台市内丘县城关一带所发现的唐代生产高质量白瓷的窑址，印证了文献中"内丘"为邢窑核心产地的记载。21世纪内丘邢窑窑址两次较大规模的发掘则大大丰富了对邢窑的认识。

2003年的发掘发现窑炉10座，作坊遗迹2处，灰坑175座，瓷器及残片上万件。[3]虽然此次发掘目前尚未发表正式的考古简报和报告，但从部分相

---

[1] （唐）李肇：《唐国史补》，上海古籍出版社，1979年，第60页。
[2] （宋）欧阳修等：《新唐书》，中华书局，1975年，第1013~1014页。
[3] 王会民、樊书海：《邢窑遗址考古发掘有重要发现》，《中国文物报》2003年10月29日。

插图一　邢窑"盈"字款白瓷

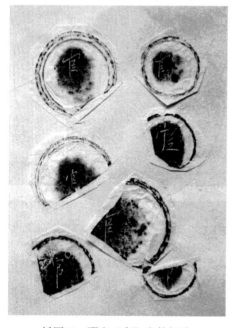

插图二　邢窑"官"字款拓片

关文章、图录及展览中可以看到其在邢窑研究上的重要意义：第一，发掘出土了大量的"盈"字款标本（插图一），证明内丘老城区为唐代生产高质量"盈"字款白瓷的核心产地。"盈"字款瓷器代表唐代邢窑白瓷的最高水平，在唐代都城长安及东都洛阳地区均有出土，与唐代皇室的"百宝大盈库"有密切的联系，与中晚唐时期的"进奉"制度有关。第二，首次出土了"官"字款标本（插图二），证明邢窑为晚唐五代宋初生产"官"字款白瓷的窑场之一。这一发现为我们明确"盈"字款瓷器与"官"字款瓷器之间的关系、邢窑五代北宋时期的生产等问题提供了重要的材料。第三，新发现一批素烧佛龛、佛像，时代不晚于盛唐时期，丰富了唐代邢窑产品的面貌。

2012 年发掘的遗迹现象复杂、出土遗物众多，新发现的遗迹和遗物时代集中在唐以前（插图三）。[1]唐代白瓷方面，比较重要的是出土了"高""上""大"等刻款的器物残片，丰富了我们对唐代刻款瓷器的认识。

2011 年，邢台市文物管理处、临城县文物保管所等对临城瓷窑沟窑址进行考古发掘，发掘面积 1125 平方米，清理作坊 2 座、窑炉 1 座，另有灰坑等遗迹，出土大量宋、金、元时期的瓷器与窑具。窑业面貌发生了巨大的变化，

---

[1]　河北省文物研究所邢窑考古队：《2012 年邢窑遗址发掘有重要收获》，《中国文物报》2013 年 3 月 1 日。

插图三　内丘邢窑址发掘现场

以白瓷为主，亦有相当数量的黑釉瓷器，酱釉产品极少。白瓷质量总体较差，胎质粗疏，釉色泛黄，釉面干枯，以素面为主，印花有一定的比例，部分印花产品质量较高。该窑址对研究宋元时期邢窑窑址布局及器物群有重要意义。[1]

2. 定窑

2009~2010 年，北京大学考古文博学院和河北省文物研究所在曲阳定窑遗址开展考古工作（插图四、五），发掘面积 700 余平方米，出土了数以吨计的瓷片标本和窑具（彩图一一：3~5）。[2]发现并清理了从中晚唐到元代各个时期的地层，大致判断定窑的创烧时代在中晚唐，到元代依然有较大的生产规模，元代后期，成规模的瓷器生产告以结束。发掘还清理了一批重要的遗迹，包括保存较为完好的五代、宋代和金代的窑炉。[3]

---

[1] 李恩玮等：《临城磁窑沟窑址考古发掘主要收获》，见北京艺术博物馆编《中国邢窑》，中国华侨出版社，2012 年。

[2] 河北省文物研究所等：《河北曲阳涧磁岭定窑遗址 A 区发掘简报》，《考古》2014 年第 2 期。

[3] 韩立森、秦大树、黄信：《定窑遗址考古发掘取得重要成果》，《中国文物报》2010 年 1 月 22 日；河北省文物研究所等：《河北曲阳涧磁岭定窑遗址 A 区发掘简报》，《考古》2014 年第 2 期；秦大树等：《定窑涧磁岭窑区发展阶段初探》，《考古》2014 年第 3 期；北京艺术博物馆：《中国定窑》，中国华侨出版社，2012 年。

插图四　曲阳涧磁村定窑遗址

插图五　涧磁 B 区发掘现场

此次发掘还出土了一批十分重要的遗物，为了解定窑各时期的供御状况提供了重要参考资料。在五代及宋初地层出土了"官"字款器物，在北宋地层中有带"尚食局"、"尚药局"（彩图一一：6）、"乔位"等款识的瓷器，不少器物还装饰有龙纹。在金代地层中也出土了"尚食局"款的器物，此外还有"东宫"款，对了解金代定窑生产状况有重要意义。

3. 井陉窑

井陉窑位于河北省井陉县与井陉矿区，1989 年被发现，目前共发现窑址 12 处（插图六）。井陉窑被称为河北四大名窑之一，但相关的考古材料公布较少，其面貌相对模糊。21 世纪以来，井陉窑经历了五次考古调查和发掘工作，包括 2000 年 9 月 ~2001 年 3 月发掘河东坡窑址的河东坡小学北地区域，面积 180 平方米[1]；2004 年 3 月 ~2005 年 8 月发掘城关窑址之联中校院、北关修造园两处地点，发掘面积 310 平方米[2]；2007 年 9 月 ~2008 年 8 月发掘河东坡窑址原二运公司区域，面积 720 平方米，出土了窑炉、作坊等遗迹及遗物[3]；2016 年 10 月 ~2017 年 1 月发掘北防口窑址，面积 42 平方米，出土了一批晚唐五代时期的井陉窑精细白瓷，其中"官"字款瓷器 3 片[4]；2016 年河北省文物研究所与井陉县文物保护管理处对井陉窑 12 处窑址进行全面的调查和勘探，并公布了调查报告[5]。

从目前所掌握的材料看，井陉窑从隋代到宋金时期都有生产，其中晚唐五代时期生产的白瓷质量很高，不少器物与同时期邢窑、定窑的风格和装烧方式接近，表明自北向南沿太行山东麓分布的曲阳定窑、井陉窑、临城和内丘的邢窑存在着较为密切的窑业交流。

4. 磁州窑冶子窑址与临水窑址

冶子窑址位于磁县都党乡冶子村，紧靠漳河出太行山口的西岸边，与观

[1] 孟繁峰：《井陉窑发现独特戳印点彩戳模》，《中国文物报》2000 年 12 月 27 日。

[2] 孟繁峰：《井陉窑城关窑址及窑区墓葬》，见中国考古学会编《中国考古学年鉴·2006》，文物出版社，2007 年。

[3] 河北省文物研究所黄信转告孟繁峰先生信息。

[4] 河北省文物研究所：《河北井陉县北防口瓷窑址调查报告》，《文物世界》2017 年第 6 期。

[5] 河北省文物研究所、井陉县文物保护管理所：《井陉窑遗址考古调查勘探报告（上）》，《文物春秋》2017 年第 4 期；河北省文物研究所、井陉县文物保护管理所：《井陉窑遗址考古调查勘探报告（下）》，《文物春秋》2017 年第 5 期。

插图六　井陉窑环境

台窑址隔河相望，周边还密集分布着其他窑址，是漳河流域最集中的瓷器烧造区。该窑址从唐代一直持续到元代，其中唐代产品以一种由青瓷向白瓷过渡、介于青瓷与白瓷之间的"青白瓷"为主，实际是白瓷的早期产品，亦包括部分黑釉与青黄釉瓷器，普遍施化妆土；装饰以素面为主，出现一组青白釉点褐彩的器物。五代时期以黑釉瓷器为主，茶叶末釉瓷器次之，白瓷的质量仍旧较差，胎质较粗而疏松，胎色较深，多数器物外腹施釉不及底。宋代则以化妆白瓷为主，有少量的黑釉、酱釉与棕黄釉瓷器。这一时期是磁州窑的巨大变革与创新时期，在装饰上一改早期以素面为主的特征，出现了白釉剔花、白釉褐彩、白釉点绿彩、白釉篦划花、白釉珍珠地划花、白釉印花等工艺，还出现了仿定窑类型的产品。仿定器物出现在宋代中后期，一般质地细、胎壁薄、器形规整，整体质量较高。金代的产品仍以白瓷为主，有少量的黑釉瓷器，极少量的黑釉、绿釉等低温产品与红绿彩产品。宋代常见的白瓷绿斑、珍珠地划花以及磁州窑的特色产品白地黑花器物并不多见。元代仅有黑釉与白釉两种产品，质量粗疏，白釉器物仅见有简单的黑花装饰，明显处于衰落状态。[1]

临水窑址位于邯郸市峰峰矿区政府所在地临水镇，西与彭城镇毗连，两者共同构成滏阳河流域古代磁州窑规模较大的中心窑场。2002 年 5 月，配合基建对原峰峰三工区内的窑址进行了发掘，面积 85.5 平方米，清理料池 12 个、灰坑 27 个和陶窑 1 座，出土大量的瓷片标本。窑址的时代为隋至元代。隋至初唐时期产品以青瓷占绝大多数，有少量的黑釉瓷器，质量较粗，基本素面无纹。唐代中晚期仍以青瓷为主，但黑瓷比例增加，新出现白瓷与三彩；质量普遍较差，大量使用化妆土，装饰较少；白釉瓷器数量较少，以碗为主，另有短流盂等。宋末金初，窑业面貌发生巨大变化，青釉器消失，釉以白釉为主，另有少量黑釉；器物品种更加丰富，以碗、盘、盒、盆、罐、小罐、执壶、炉、枕等较常见；普遍使用化妆土，白瓷出现了白釉绿彩、划花、篦划花等全新装饰。金代是本窑址鼎盛时期，白、黑釉产品数量基本相当，新出现黄釉、绿釉和红绿彩等；器物品种繁杂，除大量日用品外，新增陈设用瓷和玩具；出现较多仿定窑、仿建窑工艺；白釉器物流行器表划花或篦划花、白地黑花、白地黑字以及花形口、白釉凸弦纹，新出现胎上印花、暗划花以及黑釉凸弦纹、墨书字迹等。元代产量仍旧较大，但种类减少，质量粗疏，处于衰退阶段；白釉减少，黑釉剧增，新出现翠蓝釉及仿钧釉等；器物基本为碗、盘类生活用瓷，器表以白地黑绘双环线、草书文字、简单花草和鱼藻纹为主[2]。

5. 隆化窑

隆化窑址群是燕山地区一处民间窑场，时代为金元时期，其在仿烧磁州窑及钧窑产品过程中形成了自己的独特风格，部分产品可能为官府定烧。目前发现两个窑区，均位于隆化盆地。2010 年 4~5 月进行考古发掘，发掘面积 440 平方米，清理瓷窑 5 座、陶窑 1 座、作坊 3 座、灰坑 12 座、灰沟 1 条、活动面 1 处、墓葬 1 座。其产品从胎、釉、装饰可分为仿磁州窑和仿钧窑两种。磁州窑风格器物多黑绘花及文字，白地为主，黑绘为辅，寥寥几笔。釉色有白釉、

---

[1] 赵学锋等：《河北省磁县冶子村窑址阶段性考古发掘的收获和意义》，见北京艺术博物馆编《中国磁州窑》，中国华侨出版社，2017 年。

[2] 邯郸市文物保护研究所、峰峰矿区文物保管所：《河北邯郸临水北朝至元代瓷窑遗址发掘简报》，《文物》2015 年第 8 期。

酱釉、黑釉、钧釉、茶叶末釉。[1]

6. 宁夏贵房子窑址

贵房子窑址位于宁夏贺兰山地区，2008年银川市文管所对窑址进行了小规模试掘，2009年进行了窑址调查[2]。贵房子窑址的时代为西夏，距当时的行宫较近，调查者认为这一窑址与西夏官方用瓷有关。调查发现这处窑场主要生产白瓷，有粗细两种，其中细白瓷质量很高，胎土洁白，胎体精薄。这处窑址的发现丰富了我们对于西夏陶瓷烧造的认识，其制瓷技术的源流值得进一步探究。

7. 山西河津固镇宋金瓷窑址[3]

窑址于2016年被发现，山西省考古研究所对其进行了系统的考古调查及勘探，发掘面积1039平方米，窑址时代为宋金时期，以金代遗存为主。出土瓷器中有大量的粗白瓷和细白瓷，其中北涧疙瘩地点出土的北宋时期细白瓷胎体洁白坚实。固镇瓷窑址的发现对了解山西地区生产白瓷的窑址，如介休窑、霍州窑等有很好的参考价值。

8. 山西地区其他生产白瓷的窑址

山西地区是白瓷的重要分布区，除了河津固镇窑址经过正式发掘外，21世纪以来还先后调查了介休市城南街窑址、晋城古窑址、平阳古瓷窑址。

介休市城南街窑址于2006年旧城改造中发现，产品以粗白瓷为主，亦有少量的黑瓷与细白瓷。粗白瓷施化妆土，胎质粗疏，以素面为主，亦有印花、刻花、划花、画花等装饰。印花所占比例较大，但花纹多模糊，器形有碗、盘、深腹钵、罐、杯、盆、洗、器盖等。细白瓷极少，碗为主，亦有盒类器物。时代在金代晚期到元代。[4]

晋城古窑址位于太行山麓，2004年进行调查，产品以钧釉瓷为主，同时生产一些白瓷黑画花器物。白瓷均施化妆土，素面为主，亦有白地黑花装饰。时代为元代。[5]

[1] 郭济桥、王新会：《隆化窑的发现和研究》，《陶瓷科学与艺术》2013年第2期；河北省文物研究所黄信先生见告。
[2] 张燕、王建保：《贺兰山贵房子窑初探》，《中国国家博物馆馆刊》2011年第9期。
[3] 山西省考古研究所：《山西2016年隋唐宋元重要考古发现》，《中国文物报》2016年12月2日。
[4] 孟耀虎：《介休市南街古瓷窑》，《文物世界》2004年第6期。
[5] 孟耀虎：《晋城新发现一处古瓷窑址》，《文物世界》2004年第4期。

2003 年，对位于山西南部临汾市尧都区龙祠一带的平阳窑遗址进行了调查、试掘，产品种类丰富，有黑釉、白釉、钧釉、酱釉、茶叶末釉、青黄釉等，以白瓷与黑瓷为主。白瓷较粗，普遍施化妆土，釉色泛黄，细胎白瓷发现极少，与霍州窑产品特征接近。装饰手法有黑画花、黑戳花、刻划花、划花填彩、刻划诗文等，草率粗糙。时代为元代。[1]

9. 河南巩义窑

巩义窑位于河南省巩义市，主要包括站街镇的黄冶窑和北山口镇的白河窑，两个窑址在 21 世纪以来都进行了系统的考古发掘工作，出土了数量众多的唐代白瓷标本，制作工艺和产品质量很高，进一步印证了文献中河南府"贡白瓷"的记载。

2002~2004 年，河南省文物考古研究所与中国文化遗产研究院合作对巩义黄冶窑进行了四次考古发掘工作，发掘面积近 2000 平方米[2]；2005~2008 年对巩义白河窑进行发掘，发掘面积 2400 平方米[3]。黄冶窑与白河窑位置临近，产品面貌和地层分期等也相近。初唐时期巩义窑的白瓷产量就已经很大，这种情况一直延续到盛唐，之后更多烧造三彩类器物，白瓷的生产相对衰落。需要注意的是，黄冶窑第四期即晚唐时期，在白瓷的基础上出现了釉下蓝色彩绘装饰，也被称为"唐青花"。

10. 河南地区其他生产白瓷的窑址

河南地区生产白瓷的窑址分布相当广泛，几乎遍及整个河南省。其中河南中北部相关的考古工作不多，鹤壁窑、善应窑址和北齐村窑址几乎没有正式的考古发掘材料公布；河南中部伏牛山区域虽然以临汝窑、扒村窑、汝窑、钧窑等系列青瓷窑场为代表，但许多窑场亦生产白瓷，包括鲁山段店窑、登封窑等。

段店窑址在段店村委以南区域为唐代堆积，村委以北的村庄区域为宋金时期堆积，村庄以北主要为元代烧造区。唐代产品主要为黑釉与花釉瓷器。宋金时期生产规模扩大，产品种类丰富，产品主要有青釉、白釉、黑釉和三彩器等。白釉瓷器装饰繁多，有珍珠地划花、红绿彩和白地黑釉等。元代产品种类减少，

---

［1］孟耀虎：《山西平阳古瓷窑调查》，《考古与文物》2005 年第 3 期。

［2］河南省文物考古研究院、中国文化遗产研究院、日本奈良文化财研究所：《巩义黄冶窑》，科学出版社，2016 年。

［3］河南省文物考古研究所等：《巩义白河窑考古新发现》，大象出版社，2009 年。

多见钧釉和白地黑花瓷器，不少白釉碗内底绘有草叶纹或墨书字款。[1]

其他许多窑址的情况亦大致如段店窑址。白瓷流行在宋金时期，元代开始衰落。

21世纪以来这一地区瓷窑址考古工作主要有以下几项：2001年发掘禹州刘家门、下白峪等窑址；2002~2004年发掘巩义黄冶窑；2004年第二次发掘禹州钧台窑；2005年抢救发掘汝州东沟窑；2005~2008年发掘巩义白河窑；2012年发掘禹州闵庄钧窑址；2013年配合基本建设抢救发掘禹州神垕镇窑址。[2]

三、南方地区白瓷窑址考古工作

在传统"南青北白"的大格局下，北方地区仍存在生产青瓷的重要窑场，同样的，唐宋时期南方地区除广泛烧造青瓷之外，也有不少烧制白瓷的窑场，比较重要的有江西景德镇兰田窑、四川磁峰窑、福建德化窑等。

1. 景德镇白瓷窑址

五代是景德镇窑业的兴起时期，这一时期的产品主要包括青釉与白釉两种，其中白釉瓷器在南方地区不仅时代早，质量亦较高，是南方地区重要的白瓷窑场。

2012~2013年，北京大学考古文博学院等单位对景德镇市浮梁县兰田窑址进行了调查发掘，以万窑坞窑址（A区）为主，同时对临近的柏树下（B区）、大金坞（C区）两处窑址进行了调查试掘。发掘面积541平方米。清理各类遗迹12处，包括窑炉2座、灰坑7个、墓葬1座、沟2条，出土了数以吨计的各时期瓷器和窑具。五代时期的产品主要是青绿釉、青灰釉和白釉瓷器（彩图一一：7），三类器物生产的时间不分早晚，是同时生产的，表明了景德镇早期窑业生产所受影响来源的多样性。该窑址的发掘有助于了解景德镇制瓷业初创时期的产品面貌及早期制瓷业的生产情况。[3]

---

[1] 孙新民：《鲁山段店窑遗珍·前言》，见河南省文物考古研究院等编《鲁山段店窑遗珍》，科学出版社，2017年。

[2] 孙新民：《伏牛山地区唐宋瓷业的生产与繁荣》，《平顶山学院学报》2015年第1期。

[3] 北京大学考古文博学院等：《景德镇市兰田村柏树下窑址调查与试掘》，《华夏考古》2018年第4期；秦大树等：《景德镇早期窑业的探索——兰田窑发掘的主要收获》，《南方文物》2015年第2期。

2. 四川磁峰窑[1]

磁峰窑位于四川省彭州市，地处龙门山脉与成都平原交界的深丘地带，窑址沿土溪河和蟠江河分布，东西长约2000米，南北宽300~400米，由分布密集的众多小窑场组成。2000年成都市文物考古研究所对磁峰窑进行了考古发掘。磁峰窑是宋元时期成都平原白瓷生产的典型代表，瓷器生产的鼎盛时期在北宋中期到南宋末期。产品以白瓷为主，器类以碗、盘数量最多。白瓷产品胎质多坚致细腻，胎色多白中略泛灰，釉色洁白，或呈灰白、白中闪黄等颜色。磁峰窑产品造型和釉色、纹饰与北方的定窑系产品比较接近，被陶瓷界称为中国西南地区的定窑系窑址。

3. 德化窑[2]

德化窑是南方一处烧造白瓷的著名窑场，始于宋代，盛于明代，清代开始衰落。宋元时期主要是白瓷与青白瓷合烧，白瓷白度较纯；元代晚期开始生产乳白色的白瓷，开启明代白瓷的先河；明代白瓷造型丰富，质量上乘，釉色白中泛黄，呈象牙黄色、猪油白等，釉面肥厚莹润，在白瓷中形成独特的风格。相关的考古工作主要在20世纪，21世纪比较重要的是"中国瓷都·德化窑学术研讨会"的召开，该研讨会于2011年在德化召开，汇集了一批最新的研究成果，进一步深化了人们对德化古陶瓷的认识与了解。[3]

此外，安徽繁昌窑以青白瓷著名，时代主要为五代、宋，有学者认为其为受到景德镇青白瓷系统的影响而出现，也有观点认为繁昌窑更多的是受到了北方白瓷的影响。2002年和2013~2014年，安徽省文物部门对繁昌窑进行了两次考古发掘，发现了大量与白瓷非常接近的白釉瓷器。[4]

---

[1] 成都市文物考古研究所：《2000年磁峰窑发掘报告》，见《成都考古发现（2000）》，科学出版社，2002年；黄晓枫：《磁峰窑与四川盆地宋代白瓷生产》，见成都文物考古研究所编著《成都考古研究（二）》，科学出版社，2013年。
[2] 福建省博物馆：《德化窑》，文物出版社，1990年。
[3] 杨连彬：《德化窑与德化瓷研究略说》，《福建文博》2012年第2期。
[4] 安徽繁昌窑遗址考古队：《安徽繁昌窑遗址发掘与研究》，中国社会科学出版社，2010年；安徽省文物考古研究所、繁昌县文物局：《安徽繁昌骆冲窑遗址2014年发掘简报》，《文物》2016年第3期；安徽省文物考古研究所、繁昌县文物局：《安徽繁昌柯家冲窑遗址2013~2014年发掘简报》，《文物》2016年第3期。

四、小结

随着陶瓷考古工作的推进，我们对古代白瓷生产的面貌有了更进一步的了解，也让我们反思与白瓷相关的诸多问题。

从更为宏观的区域角度来观察，唐宋时期北方地区生产白瓷的窑场在地理方位、产品面貌等方面都有很多相似之处。如河北的定窑、井陉窑、邢窑及河南的诸窑场，大致都分布在太行山一线的东麓，拥有相似的自然条件和地质条件。加之各窑址之间的窑业交流，不难理解这一区域白瓷生产条件的特性与共性，这也是北方地区白瓷整体面貌研究上特别值得关注的地方。

白瓷生产年代方面，21 世纪以来的诸多考古发现，让我们更加清晰地认识到各窑址生产年代存在着一些关联。综合来看，生产白瓷最早的窑场是巩义白河窑，虽然具体时间有一定的争议，但不会晚于隋代，而几乎同时安阳相州窑、河北邢窑等也开始生产白瓷，不过总的来说隋代的白瓷生产并未达到比较大的规模。唐代以后，巩义窑、邢窑、定窑作为北方地区最具代表性的白瓷窑场，其生产的核心时段大致存在前后顺序，某种程度上也可以认为是窑业生产中心的一种区域性转移。这种时间和空间上的变动不仅涉及相关窑业资源的问题，也与唐、五代、宋金时期的政治形势有一定的关联。

南方地区的白瓷是今后陶瓷研究的新视角。传统陶瓷学界"南青北白"的观点应当反思，唐宋时期南方地区亦存在不少生产白瓷的窑场，其产品质量也较高，其为独立产生还是受到北方窑业的影响？与南方青瓷以及之后的青白瓷系统又有怎样的关系？甚至唐代诗文中记载的四川大邑窑白瓷等都需要继续研究探索。

（本文与邱宁斌合写，原刊于《文物天地》2009 年第 12 期）

唐代高温加彩瓷窑址考古的新进展

本文所指的加彩瓷主要包括长沙窑与邛窑系的彩瓷、鲁山段店窑以窑变釉与加彩为主的彩瓷，部分施以褐彩装饰的青瓷，还包括唐代的青花瓷器。

一、长沙窑

长沙窑遗址发现于 1956 年，20 世纪 60~70 年代进行了多次调查与小范围的试掘，窑址群主要由铜官镇、古城和石渚三大片区构成，共确认 20 多处窑址地点。

1983 年进行首次较大规模的正式考古发掘，清理窑炉 10 座，均为斜坡状龙窑，其中一座保存较好，由前段窑头的火膛、火门、防雨棚、挡土墙，中段窑床的多个窑门，后段窑尾的排烟室等构成，总长约 41 米，最宽处 3.5 米、最窄处 2.8 米，坡度最陡处 23 度、最缓处 9 度。出土了大量瓷器产品与包括匣钵、垫饼、荡箍等在内的各种类型窑具。产品以单色彩为主，约占 54%，釉下彩占 41%，素胎占 2%。单色釉有青、酱、白、绿釉和少量的红釉，以青釉占绝大多数，其他釉色较少。釉下彩包括釉下单彩与釉下多彩两种，以青釉单彩为主，包括青釉褐彩、青釉绿彩与白釉绿彩，釉下多彩以青釉褐绿（红）彩为主，少量的白釉褐绿（红）彩。器形丰富，可达 70 多种，以各种类型的壶与碗为主，其次是罐、洗、盒、瓶、盘、碟、盏等，亦有各种不同造型的人物与动物俑。[1] 长沙窑的时代为唐代中晚期。

由此基本确定了长沙窑的产品面貌、时代特征、制作工艺、装饰技法、

---

[1] 长沙窑课题组：《长沙窑》，紫禁城出版社，1996 年。

窑址分布、技术源流等窑业基本信息，并在 1996 年出版了第一本考古发掘报告。

从 1983 年开始的 20 多年里，长沙窑核心区的野外考古工作基本处于停顿状态，直到 2006 年，为配合长沙窑大遗址保护规划的编制与考古遗址公园的建设，长沙窑考古工作才有序重启，相关工作一直持续至今。这是一次有计划、有目的的考古活动，学术研究与遗址的保护展示相结合，多学科介入，取得了一系列重要的成果。

2006 年调查勘探工作除确定窑业废品堆积区外，还划定了居住区、作坊区、瓷土矿区、交易区、库房区、码头区、墓葬区等相关遗迹。

2010~2011 年的系统调查中确定长沙窑唐五代时期的窑址 57 处，确认石渚湖南面窑区的存在；以石渚湖为中心的瓷业草市的存在；基本探明了石渚湖一带的古地貌并框定了石渚湖的大致范围；在墓葬区确认 18 处墓葬分布点，对其中一座墓葬进行了发掘。整个长沙铜官窑遗址由此可以确定为烧造区、交易区、生活区和墓葬区四大区域。发掘了谭家坡 1 号龙窑遗址，在谭家坡 1983 年发掘区重新揭露包括龙窑与作坊等在内的遗迹，并对部分堆积进行了发掘，出土了大量的瓷器产品与窑具。[1]

2015 年对望城区丁字镇彩陶源村年丰坑与灰坪遗址进行了发掘，在年丰坑揭露了部分制瓷作坊，出土大量的瓷器标本；灰坪北临瓦渣坪、西靠石渚坪、东为市场湖、西为湘江，堆积丰厚，发现了一组坑体与水井以及大量的标本。本年度发掘最重大的收获是重新认识了整个遗址的布局，证明原石渚湖沿岸一带也分布有制瓷作坊，且是分散的家庭式作坊，遗址可能不存在功能单一的市场区和生活区，窑业居民以家庭为单位环湖而居、依山建窑、临水易市。这是对整个遗址功能分布认识的一次重大调整。

2016 年发掘区位于石渚湖村石渚组的易家坪与樊家坪，除发现中晚唐时期大量的灰坑等遗迹并清理丰富的地层堆积，证实石渚窑场是长沙窑重要有机组成部分外，还在中晚唐文化层下发现了一批汉唐时期岳州窑类型的青瓷

---

[1]张兴国：《湖南长沙铜官窑遗址 2010 年考古调查收获》，《陶瓷考古通讯》2014 年第 1 期；湖南省文物考古研究所：《长沙铜官窑遗址 2010 年墓葬区调查发掘简报》，《湖南考古集刊·第 10 集》，岳麓书社，2014 年；湖南省文物考古研究所：《焰红石渚——长沙铜官窑遗址 2016 年度考古发掘出土瓷器》，文物出版社，2018 年。

标本与灰坑等遗迹（彩图一二：1、2），从残次变形青瓷的出土情况来看，可能存在同一时期的窑址，从地层上明确了长沙窑与岳州窑的继承关系。

一系列有计划的野外考古调查、勘探与发掘工作除了有效地推动了对于长沙窑时空格局的认识、考古遗址公园的建设之外，一个最重要的进展就是关于长沙窑施彩釉上釉下的认识。传统观点认为长沙窑是典型的釉下彩工艺，是中国陶瓷工艺史上的一项重要发明。但 1996 年出版的《长沙窑》发掘报告中，除了将长沙窑的施釉工艺分为单色釉、釉下彩外，还提出了釉中彩的概念，认为该种装饰多见于乳白釉诸器，作乳浊状不透明，分为釉下与釉上两种，这种彩釉在高温下渗入白釉层，有些釉水直接与瓷胎黏结在一起，边沿处则与白釉融为一体，形成釉中彩。[1]同时张福康亦曾指出长沙窑的釉下彩与历代典型的釉下彩有明显区别，即并非所有长沙窑彩瓷都属釉下彩，只有人物花鸟一类精细彩绘采用类似于釉下彩的工艺。[2]为明确长沙窑彩瓷的釉下釉上性质，考古工作者以石渚片区出土的彩瓷标本为主，结合年丰垸、灰坪、谭家坡等 2010 年以来主要发掘区域出土的代表性彩瓷标本 50 余件，利用超景深三维显微镜进行全方位观察，发现所有标本均为先施釉再于釉上施彩，然后一次性高温烧成。长沙窑釉下彩没有得到可靠的物证和科技检测支撑。

此外，张兴国等发掘者认为长沙窑这种高温釉上彩工艺是继承了唐三彩的彩釉工艺，即长沙窑工匠把唐三彩等北方彩釉工艺嫁接在了岳州窑类型的青釉瓷器上，在 8 世纪后半期实现了从低温彩陶到高温彩瓷的华丽升级。长沙窑是岳州窑与唐三彩的直系后裔。[3]

二、邛窑

邛窑是邛崃窑的简称，主要分布于今四川省邛崃市境内，是这一区域内文化属性一致，制作工艺、装烧方法、装饰技术相似，窑与窑前后承袭、相

---

[1] 长沙窑课题组：《长沙窑》，紫禁城出版社，1996 年。

[2] 张福康：《长沙窑彩瓷的研究》，《硅酸盐学报》1986 年第 3 期。

[3] 张兴国、邱玥：《釉上还是釉下？最新考古成果证实：高温釉上彩是长沙窑彩瓷的主流工艺，是否使用釉下彩尚存疑》，《中国文物报》2018 年 6 月 29 日第 5 版；湖南省文物考古研究所：《焰红石渚——长沙铜官窑遗址 2016 年度考古发掘出土瓷器》，文物出版社，2018 年。

互影响、彼此关系明显、连贯性清晰的多处古瓷窑址的总称，包括南河十方堂、固驿瓦窑山、西河尖山子、白鹤大渔村、柴冲以及黄鹤、官庄等诸多窑址。20 世纪初发现，1936 年当地军阀大规模盗挖，产品大量流散四川乃至国内古董市场，由此引起众多学者关注并进行专题调查。1984~1989 年进行了大规模的正式考古发掘，在南河十方堂与固驿瓦窑山两窑址共发掘 3500 多平方米，清理出窑炉 10 座，其中龙窑 7 座、马蹄窑 3 座，出土南朝至宋代大量各种类型标本。[1]

2005 年 11 月 ~2006 年 4 月、2007 年 12 月，成都文物考古研究所、邛崃市文物局组成联合考古队对邛窑十方堂遗址 1 号窑包进行了两次正式发掘，发掘点覆盖了 1 号窑包及其周围的台地、平地，发掘面积近 2000 平方米，对 1 号窑包宋代地层及其遗迹的分布状况有了初步了解（插图一）。发掘清理出龙窑 1 座（Y1）、作坊 6 处、水井 1 口以及挡墙多道，清理出练泥、制坯、烧造等制瓷环节的重要遗迹，其中龙窑遗迹是迄今为止十方堂区域最完整的龙窑，包含窑前工作面、窑门、火膛、窑床、烟道、窑尾护墙，年代在五代至宋。此外还出土了大量瓷器、瓷片及制瓷工具、窑具。2014 年 11 月 ~2015 年 2 月，为配合邛窑考古遗址公园的建设对邛窑十方堂遗址 5 号窑包西侧进行了发掘。发掘点位于 5 号窑包西北侧，在 5、8、9 号窑包所包围的三角区域内，南面紧邻 5 号窑包的唐代建筑群，北距南河约 20 米，西距 8 号窑包约 30 米，西北方向距 9 号窑包约 40 米。发掘面积 600 平方米，清理出建筑基址 1 处（F2）、作坊 1 处（ZF1，含储泥池 4 个，挡墙 1 道），道路遗迹 4 处（L1~L4）。出土瓷器小件 1840 件，瓷器标本逾 300 筐。[2]

从目前的考古材料来看，邛窑约创烧于两晋至南朝时期，在隋至初唐时期有所发展。这一时期产品主要是碗、豆、盘、杯、钵等日常生活用品，种类较少，器形单一；胎质较粗，胎体厚重，胎体中含铁量较高而呈色较深；以青釉为主，釉色多青中泛黄或泛灰、泛白等；素面无纹者最多，少量器物装饰简单的弦纹，印花装饰极少。个别盘、罐类器物饰以黑褐色彩绘条带式联珠纹、圆圈形联珠纹和花瓣纹。这类黑褐色彩点、彩斑被认为是邛窑的重

---

［1］陈显双、尚崇伟：《邛窑古陶瓷简论——考古发掘简报》，见耿宝昌主编《邛窑古陶瓷研究》，中国科学技术大学出版社，2002 年。

［2］邛窑发掘信息由成都市文物考古研究院黄晓枫提供。

插图一　十方堂窑址 1 号窑包

要成就，开启了唐代邛窑加彩瓷的先河，也是目前发现的国内诸多窑场中较早使用的加彩工艺。其中一件高足盘装饰褐绿双彩，是迄今所见最早的釉下双彩瓷器。瓦窑山窑还发现了白釉瓷器，釉下施白色化妆土，白釉平整美观。白釉瓷器的出现为其后邛窑加彩工艺的推广提供了更为广阔、良好的基础。装烧均为明火在龙窑中裸烧，器物之间使用锯齿状间隔具间隔。

中晚唐时期是邛窑发展的鼎盛时期，器物种类极为丰富，有各种类型的碗、盘、碟、瓶、执壶、罐、钵、盂、炉、杯、盒、灯等，每种器物通常有多种器形，亦有造型丰富的人物与动物俑等。胎质仍旧较粗，普遍施以化妆土；以青釉为主，釉色丰富多变，包括青绿、青黄、深绿、灰白、乳白、蓝色、酱褐色、黑、黄、米黄等；装饰技法较为丰富多样，有刻花、划花、印花、贴花、彩绘等，以彩绘工艺最具特色。在隋至初唐时期开创的高温釉下褐、绿、黑三彩的彩绘瓷基础上，唐代烧制出与唐三彩非常接近的邛窑三彩（彩图一二：3）。彩绘多见于碗、盆、钵、盂、罐、杯、器盖、枕等器物外腹部，纹样主要为圆圈纹、斑块、条状纹、芳草花卉纹几种，纹样组合多为二方连续或对称绘画。除高温加彩瓷外，亦有黄、绿、褐、蓝、棕诸色的低温彩绘瓷。龙窑依然是主要的生产窑炉，同时出现了小型馒头窑用以生产邛窑三彩瓷器。匣钵装烧与明火裸烧并存。

五代两宋时期是邛窑生产的又一个高峰，也是邛窑瓷器产品的重要转折期。彩绘逐渐减少，釉下彩装饰逐步仅出现在口沿等器物边沿，纹样多为斑点纹。北宋中晚期以后，乳浊青瓷成为邛窑的最大宗产品。[1]

长沙窑与邛窑是唐代最著名的两大彩绘瓷窑场，邛窑彩绘瓷出现比较早，但两者兴起的时间基本相同，都是在唐代中晚期。长沙窑的装饰纹样更加丰富，且流行诗文等装饰，这在邛窑产品中并不多见。

杨宁波对长沙窑与邛窑进行了全面对比研究，认为两个窑口生产的产品种类大体相似，但器物形态存在诸多差异，且相似器物在唐代许多窑口均有烧制并大体相似，因此器物形态相似并不一定是两者交流或互相影响的结果。在装饰上，长沙窑与邛窑都使用刻划、印花、釉下彩绘及模印贴花工艺，且以釉下彩绘装饰最多，印花次之，模印贴花和刻划均使用不多，长沙窑贴花工艺使用相对较多；彩绘装饰均较发达，模印贴花、印花、刻划装饰因此受到限制，成为彩绘的陪衬。两个窑口的纹样组合区别明显，以最具特色的彩绘技法来看，邛窑的纹样主要为圆圈纹、斑块、条状纹、芳草花卉纹几种，纹样组合多为二方连续或对称绘画；长沙窑的彩绘纹样种类则丰富得多，有草叶纹、飞禽、走兽、花鸟、水波、云气、联珠纹、莲花纹、摩羯纹、写意画等。在装烧上，邛窑早期使用龙窑，晚唐五代时期除龙窑外亦使用马蹄窑；长沙窑均为龙窑。邛窑的窑具亦较长沙窑丰富，其中三叉间隔具不见于长沙窑。邛窑的固驿窑及十方堂窑均出土较多的齿状垫具和三彩器物，发现的窑炉既有龙窑，还有北方流行的马蹄形窑，无疑是受了北方唐三彩装烧工艺的直接影响。而长沙窑的装烧技术更多是源自本地传统。

因此无论是器形、装饰还是装烧上，邛窑与长沙窑可能并无过多的直接交流与影响。安史之乱后，北方人口大量南迁，陶瓷技术南传，邛窑和长沙窑都受到了影响，但影响的深度有所不同。长沙窑可能只是吸收了北方唐三彩的器物形制、施釉技术、装饰工艺，用北方工匠所带来的三彩施釉技术在纹样等方面加以创新，大量吸收了诗歌、绘画等传统文化元素及伊斯兰文化

---

[1] 成都文物考古研究所、邛崃市文物管理局：《邛窑》，四川人民出版社，2017 年。

因素，创作出与唐三彩神似却又更具特色的产品，而其余的窑业技术仍保留本区域的传统；而邛窑则在器物纹饰和窑炉、窑具等方面都受到了唐三彩技术的影响。[1]

以上有关两窑渊源与相互关系的梳理，从目前的考古材料来看应该是比较合理的。

此外，由于长沙窑的最新研究初步证明其彩绘工艺为釉上彩技法，则传统的邛窑釉下彩观点亦值得重新思考与研究。从邛窑某些加彩瓷彩绘部分剥落的情况来看，在釉剥落的部位彩亦完全不见，至少这部分产品极可能是采用了釉上彩工艺。

三、鲁山窑

鲁山位于河南省中西部，伏牛山东麓，淮河水系沙河的上游地区。段店瓷窑址位于鲁山县城以北约 10 千米处的梁洼镇段店村，北距宝丰清凉寺遗址约 15 千米，1950 年发现，之后进行过多次调查[2]，1990 年进行了小规模的正式考古发掘。

该窑址的考古调查工作虽然多在 20 世纪开展，且缺少大规模的正式考古发掘工作，但 21 世纪以来，河南省文物考古研究所、深圳市文物考古鉴定所以及鲁山段店窑文化研究所等单位对相关材料进行了较为系统的整理，出版了部分报告与图录[3]，此外 2017 年中国古陶瓷学会平顶山年会的主题即为"汝窑与段店窑"，会上首次集中讨论了该窑址的有关问题[4]。

鲁山段店地区的窑址始烧于唐代，历经宋金，延续至元代。其中段店村委以南区域为唐代堆积，村委以北的村庄区域为宋金时期堆积，村庄以北主要为元代烧造区。唐代产品主要为黑釉与花釉瓷器。宋金时期产品种类丰富，

[1] 杨宁波：《长沙窑与邛窑关系考》，见湖南省文物考古研究所编《湖南考古集刊·第 10 集》，岳麓书社，2014 年。

[2] 李辉柄、李知宴：《河南鲁山段店窑》，《文物》1980 年第 5 期；赵青云等：《河南鲁山段店窑的新发现》，《华夏考古》1988 年第 1 期。

[3] 河南省文物考古研究院等：《鲁山段店窑遗珍》，科学出版社，2017 年；深圳市文物考古鉴定所、郑州市中原陶瓷标本博物馆：《鲁山窑调查报告》，文物出版社，2017 年。

[4] 中国古陶瓷学会：《汝窑瓷器与鲁山窑瓷器研究》，故宫出版社，2017 年。

生产规模扩大，产品主要有青釉、白釉、黑釉和三彩器等。青釉瓷器中发现少量满釉支钉烧造的天青色产品，与汝窑瓷器的制作工艺相同。白釉瓷器装饰繁多，有珍珠地划花、红绿彩和白地黑釉等。元代产品种类减少，多见钧釉和白地黑花瓷器，不少白釉碗内底绘有草叶纹或墨书字款。[1]

宋元时期段店地区的产品，无论是青瓷还是白瓷、黑瓷，在北方地区均有较为广泛的分布，而严格意义上的鲁山段店窑主要指唐代以黑釉、花釉瓷为主要特征、在同时期的窑业生产中独树一帜的窑业类型。除了黑釉与花釉瓷外，还生产茶叶末釉、青黄釉瓷器，其中花釉瓷器包括黑瓷花釉、青黄瓷花釉、茶叶末花釉、全花釉等。此种类型的产品在周边的郏县黄道窑址、禹州市下白峪窑址亦有少量发现。《中国陶瓷史》[2]提到的山西交城与内乡大窑店窑址，有学者认为类似于玉璧底碗类型与三叉支烧间隔具在金代地层普遍出现，在交城的窑址调查中也发现了腰鼓与金代器物共存于一个地层，因此时代应该是金代而非原来认为的唐代；而内乡的标本仅见于故宫博物院调查，多年来未见新发现，言外之意其准确性有待检验。[3]综上，唐代生产鲁山类型花釉瓷器的窑址主要分布于平顶山周边地区。

段店窑唐代的黑釉与花釉瓷器主要有碗、盘、钵、盆、瓶、执壶、罐、碾轮与碾槽、腰鼓、澄滤器等，总体上胎体厚重，胎质粗，胎色深，多呈土黄与灰褐色，夹杂有较多的细砂粒。黑釉釉层较厚而凝重，多呈失透的哑光状，不见玻璃质强浮光，可以有效遮挡粗厚的胎体。花釉瓷器是在黑釉上加施带蓝色的釉料，经高温窑变后呈现天蓝色或月白色块状彩斑。这些彩斑有的呈块斑状，有的呈条带状，有的呈流动的兔毫状，也有的器物通体呈乳白色或茶叶末色的窑变，色彩斑斓多变，没有固定的范式。（彩图一三）

四、唐代南方地区其他瓷窑址的加彩装饰产品

唐代南方地区的青瓷窑址主要是越窑及越窑系的诸多窑址，产品主要以

---

[1] 孙新民：《鲁山段店窑遗珍·前言》，见河南省文物考古研究院等编著《鲁山段店窑遗珍》，科学出版社，2017 年。

[2] 中国硅酸盐学会：《中国陶瓷史》，文物出版社，1982 年。

[3] 深圳市文物考古鉴定所、郑州市中原陶瓷标本博物馆：《鲁山窑调查报告》，文物出版社，2017 年。

釉色与造型取胜，较少装饰，少量的装饰以较粗的划花为主，兼及极少量的印花，题材主要是花卉。加彩的装饰不仅少，而且方式较为单一，尤其在越窑的核心区上林湖地区，几乎是非常纯粹的青瓷器。以上林湖为中心，随着距离的加大，加彩装饰逐渐增多，到了金衢与温州一带，简单的加彩装饰成为这两个地区颇具特色的装饰手法，但总体上没有形成单独的门类，在装饰上也没有占据主流。

从目前的材料来看，唐代越窑加彩瓷比较著名的是唐末杭州临安水丘氏墓出土的三件器物：一件炉（彩图一四：1）、一件盘口壶、一件油灯，三件器物不仅体量大、造型复杂、制作规整、胎釉质量高超，而且通体装饰有釉下褐彩纹饰，这在越窑中非常罕见。在临安板桥一残墓中还出土了一件褐彩盘口壶与盖。水丘氏为五代吴越国开国之君钱镠的母亲，板桥墓葬推测亦为钱氏家族墓。因此这类唐末五代时期通体带褐彩的青瓷器应是越窑中等级非常高的器物。2014 年，我们在上林湖窑址调查中采集到了类似的彩绘标本，结合 20 世纪 90 年代的调查材料[1]，基本可以确定这类器物的产地就在上林湖地区。

唐代的越窑主要集中在上林湖地区，而受越窑影响的婺州窑、瓯窑、德清窑以及江西的南窑等，褐彩装饰技术更为普遍，并且形成了一定的特色。

婺州窑在隋唐时期基本为青瓷器，胎除灰白色外也有东晋南朝以来的灰黑或紫红色，釉色一般为青灰色、青黄色等较深的颜色。从初唐开始，婺州窑开始形成两大特征：一是褐斑装饰，一是乳浊釉的创烧。在江山鹿来等隋至唐代早期的窑址中，褐斑装饰相当普遍，壶、罐、碗等器物的口、颈、肩等部位均有，斑块大小不一，多不甚规则，有的呈短条带状；进入唐代中晚期，则多呈规则的圆形大块斑状。（彩图一四：2）

瓯窑装饰褐彩的器物数量虽然不多，但在越窑系青瓷中比例较高，且最具特色，主要见于壶与罐类器物上。壶上的褐彩一般装饰于腹部，纵向等距三道，多不规则，有的近似于"山"字形、钩形、直条形等，一般从颈部开始，一直到下腹部近底处。壶盖上的褐彩一般位于盖面，点彩状，多为五点，其中面上四点等距分布、纽上一点。罐类器物上的褐彩多位于腹部近口沿处，

---

[1] 慈溪市博物馆：《上林湖越窑》，科学出版社，2002 年。

多呈圆形大块斑状。多数彩斑颜色较深，呈深褐色，偶见呈红褐色。（彩图一四：3）

德清窑隋唐时期产品包括青釉与黑釉两种，以青釉为主，黑釉为辅。装饰基本为素面，仅少数青釉器物见有褐彩装饰，分为几种：一种是碗的外腹部饰竖短直条纹，一种是罐类器物口沿及腹部作斑块状，一种是壶和罐类器物通体饰褐斑。（彩图一四：4）

南窑位于江西省乐平市接渡镇南窑村，2011~2012 年进行了正式发掘，清理龙窑两座，出土大量的瓷器产品，以青釉瓷器为主，少量的酱釉瓷器。装饰以素面为主，少量褐彩装饰，主要是罐类器物口沿及腹部作斑块状装饰。[1]（彩图一四：5）

此外，在福建浦城将口、浙江松阳水井岭头、浙江庆元黄坛等唐代窑址中亦有零星的褐彩装饰产品，主要是碗或罐类青釉器物上施以大块的彩斑，对称或等距分布，简洁明了。

五、唐代北方地区其他瓷窑址的加彩装饰产品

唐代北方地区除了以鲁山段店窑址为代表的生产花瓷与窑变釉瓷器的窑场外，还有少量生产彩绘瓷器的窑场，包括磁州窑、巩义窑等。

21 世纪磁州窑比较重要的发掘工作是冶子窑址与临水三工区窑址[2]，但仅在冶子窑发现少量唐代加彩瓷器。

冶子窑址位于磁县都党乡冶子村，紧靠漳河出太行山口的西岸边，与观台窑址隔河相望，周边还密集分布着其他窑址，是漳河流域最集中的瓷器烧造区。该窑址从唐代一直持续到元代，其中唐代产品以一种由青瓷向白瓷过渡、介于青瓷与白瓷之间的"青白瓷"为主，亦包括部分黑釉与青黄釉瓷器产品，普遍施化妆土，装饰上以素面为主，出现一组青白釉施点褐彩装饰的器物，主要是碗类器物，在化妆土上用毛笔类工具点绘太阳纹、菊花纹、草叶纹等。在五代地层中亦发现了点彩装饰，除碗以外还有行炉，器物种类有所增加。

---

[1] 江西省文物考古研究所等：《江西乐平南窑窑址调查报告》，《中国国家博物馆馆刊》2013 年第 10 期。

[2] 邯郸市文物保护研究所、峰峰矿区文物保管所：《河北邯郸临水北朝至元代瓷窑遗址发掘简报》，《文物》2015 年第 8 期。

说明加彩瓷工艺为五代时期所传承，在北宋时期进一步发展，为金元时期磁州窑"白地黑花"工艺奠定了基础。[1]

巩义白河瓷窑遗址位于巩义市北山口镇白河村，2005~2008年进行多次正式考古发掘，窑址的时代主要为隋唐时期。隋代以青釉瓷器为主，少量的白瓷瓷器，黑釉瓷器极少。进入唐代，以白瓷为大宗，黑釉与酱釉瓷器次之，亦有少量的三彩与青花瓷器。青花瓷器均为残片，为碗、套盒和枕等少数几种器物，纹饰主要是花卉，见于碗内、枕面等部位。青花瓷器的出土是白河窑址考古的重大发现，解决了唐代青花的烧造产地等一系列问题。[2]

六、小结

传统上认为"南青北白"，构成了唐代基本窑业格局，但随着长沙窑、邛窑、鲁山段店窑、磁州窑诸多加彩瓷器以及巩义白河窑址青花瓷器的发现，唐代的加彩瓷在"南青北白"的传统格局之外形成了另外一支重要的力量。无论是彩绘瓷还是青花瓷器均在唐代以后得到了长足的发展与壮大，尤其是青花瓷器，最终于元明清时期逐渐取代了以青瓷与白瓷为主的单色釉瓷器。因此，唐代的加彩瓷在整个中国陶瓷发展史上具有相当重要的意义，它一改瓷器出现以来单色釉的基本面貌，为明清时期灿烂多姿的彩瓷发展奠定了良好的基础。

（本文原刊于《文物天地》2019年第1期）

---

[1] 赵学锋等：《河北省磁县冶子村窑址阶段性考古发掘的收获和意义》，见北京艺术博物馆编《中国磁州窑》，中国华侨出版社，2017年。

[2] 河南省文物考古研究所：《巩义白河窑考古新发现》，大象出版社，2009年。

宋元时期北方地区加彩瓷窑址考古新进展

宋元时期北方地区生产加彩瓷的窑口以磁州窑为主，生产区域几乎涵盖整个北方地区，产品以白地黑花为大宗，亦包括黑釉酱彩、白釉绿彩、红绿彩等。

一、磁州窑

一般来说，磁州窑主要指古磁州境内的窑场。窑址一处位于滏阳河流域，以彭城镇为中心；另一处在漳河流域，以今磁县观台镇为中心，包括观台、冶子、东艾口、申家庄、观兵台、南莲花、荣华寨等七八处窑场[1]。

1958 年，河北省文物工作队配合基建对观台窑址进行了小规模发掘并发表简报[2]。1964 年，故宫博物院李辉炳对观台、冶子、东艾口三处窑址进行了深入的调查，并发表调查报告[3]。1987 年，北京大学考古学系与河北省文物研究所对观台窑址进行再次发掘，并于 1997 年出版了《观台磁州窑址》发掘报告[4]。发掘者认为观台窑址始于 10 世纪中期，终于元末明初。此次发掘极大地丰富了学界对磁州窑的认知，对其他产地烧制的所谓"磁州窑类型"器物的研究提供了重要参考依据。出土完整或可复原瓷器千余件，瓷片数十万片。产品种类较为丰富，其中加彩瓷主要包括白地黑花、白釉绿彩与黑釉酱彩，在各个时期皆有发现。

---

[1] 秦大树：《磁州窑的研究史》，《文物春秋》1990 年第 4 期。

[2] 河北省文化局文物工作队：《观台窑址发掘报告》，《文物》1959 年第 6 期。

[3] 李辉炳：《磁州窑遗址调查》，《文物》1964 年第 8 期。

[4] 北京大学考古学系、河北省文物研究所、邯郸地区文物保管所：《观台磁州窑址》，文物出版社，1997 年。

　　1999~2010 年发掘的三处窑址皆位于滏阳河流域。1999 年邯郸市文物保护研究所与峰峰矿区文物保管所联合对彭城盐店窑址进行了局部发掘[1]（插图一），累计开挖探方 6 个，发现窑炉 4 座、料池 1 座、灰坑 12 个，出土完整或可复原瓷器数千件。发掘者将出土器物分为三期，其中第一期为元代，加彩瓷主要为白地黑花与黑釉酱彩两类。白地黑花最常见的器形有碗、罐、盆与瓶，纹饰流行鱼纹、花卉纹与文字题材；黑釉酱彩则以板条纹与洒斑为主，鲜见具象纹饰，与白地黑花纹样大相径庭。2002 年邯郸市文物保护研究所与峰峰矿区文物保管所对临水三工区窑址进行了抢救性发掘[2]，共开挖探方 2 个、探沟 3 条，清理料池 12 个、灰坑 27 个和陶窑 1 座。发掘者认为该窑址第三期主要为北宋时期，加彩瓷包括白地黑花与白釉绿彩，其中前者主要以梅点纹、麦穗纹与文字形式出现；第四期为金代，产品数量和品种最多，装饰技法也最丰富，与 1987 年观台窑址第三期遗存特点相同，属本窑址的鼎

插图一　盐店窑址窑炉

[1] 邯郸市文物保护研究所、峰峰矿区文物保管所：《彭城盐店磁州窑遗址发掘简报》，见河北省文物研究所编《河北省考古文集（五）》，科学出版社，2014 年。

[2] 邯郸市文物保护研究所、峰峰矿区文物保管所：《河北邯郸临水北朝至元代瓷窑遗址发掘简报》，《文物》2015 年第 8 期。

盛时期，除延续第三期的白地黑花外，还新出现红绿彩[1]（彩图一五：1）与黑釉酱彩器，其中红绿彩这一装饰品种在包括观台窑址在内的漳河流域各窑场皆较少发现；第五期主要为元代，器物品种单调，工艺粗犷简化，加彩瓷面貌与观台窑址第四期以及盐店窑址第一期产品类似，流行白地黑花与黑釉酱彩。2010年峰峰矿区文物保管所又对彭城半壁街瑞兴花园窑址进行了发掘[2]（彩图一五：2），清理探沟2个、窑炉2座、灰坑4个。遗物可分为三期，前两期分别为金代与元代。第一期金代产品有白地黑花与红绿彩，前者主要为塑像类，推测是红绿彩器的半成品，很少有器皿类或枕类产品；后者的塑像类器物产量较大，绝大多数为人物俑。出土的红绿彩器与模具伴出有三枚"泰和重宝"铜钱，可为此类产品的烧造上限提供纪年信息。第二期元代产品与其他磁州窑场同时期遗存面貌相似。

2015年河北省文物研究所与磁县文物保管所联合对冶子磁州窑址进行了考古发掘[3]，该窑址与观台窑址隔漳河相望。发掘共计开探方10个，面积296平方米，共发现窑炉2座、灰坑等遗迹16个，出土完整或可复原瓷器1万余件。时代从唐代晚期延续到元代。冶子窑址北宋时期的加彩器与观台窑产品极为接近。金代观台窑址较为流行的白地黑花装饰在冶子窑址发现较少，红绿彩在地层中也仅发现寥寥数片。元代产品较为单一，加彩瓷多见白地黑花双圈文字碗（彩图一五：3）。

1987年的观台窑址考古发掘对于磁州窑以及北方地区陶瓷考古研究的意义重大，而进入21世纪后（包括1999年盐店窑址）发掘的四处磁州窑址资料则使得学界对磁州窑发展的时空格局有了更深刻的认识。与加彩瓷相关的学术成果体现在几个方面：第一，临水与彭城地区的三处窑址发掘一定程度上解决了滏阳河流域磁州窑产品面貌问题，由宋至元包括白釉绿彩、白地黑花、红绿彩、黑釉酱彩在内的加彩瓷都与漳河流域的极为近似。两流域的瓷业生产具有较强的内在一致性，可视作同一窑区。第二，漳河流域窑址发现的红

---

[1] 目前所见各地区红绿彩产品绝大多数为白瓷，也发现少量黑釉红绿彩产品。本文中提及"红绿彩"仅指代白瓷红绿彩产品。

[2] 峰峰矿区文物保管所：《彭城半壁街瑞兴花园磁州窑遗址清理简报》，内部刊物，2010年。

[3] 赵学锋、乔登云、王志强：《河北省磁县冶子村窑址阶段性考古发掘的收获和意义》，见北京艺术博物馆编《中国磁州窑》，中国华侨出版社，2017年。

绿彩器数量较少，而临水三工区与彭城盐店窑址发掘出土了大量红绿彩塑像与各类俑模，使临水汽车队、泰和二年临水崔仙奴纪年墓[1]出土人物俑的产地问题得到初步解决。此外，窑址发掘出土的红绿彩器几乎都为塑像类产品，少量器皿类产品可能与豫北或晋东南地区窑场有关。鉴于目前所见，北方烧造红绿彩的窑场中器皿类产品的比例都极高，为何独有磁州窑出现这种现象？窑址所出器皿类红绿彩器又有哪些是本地烧造的？这也可为学界带来新的思考。第三，冶子磁州窑出土大量被认为是唐代晚期至五代时期的素胎黑釉花以及白地黑花产品，为梳理白地黑花这一装饰品种的整体发展脉络提供了新的材料。

二、鲁山段店窑

段店窑址虽至今未进行过科学系统的考古发掘工作，但通过历年的调查资料以及近年来出版的器物图录[2]，我们亦可对其宋金元时期的加彩瓷产品面貌进行总结。北宋时期段店窑址的加彩瓷品种有白釉绿彩、白地黑花与黑釉酱彩，这三类产品均在磁州各窑址有所发现（插图二）。不同之处在于，段店窑址的白地黑花纹饰，除与磁州等窑场接近的梅花点和麦穗纹之外，还发现一类抽象图案，风格较为独特，纹饰更为复杂。器形多为碗类，口沿多饰有黑边，内底留有涩圈。也见有高体罐、瓶与枕。这类产品无论是器形、釉面质感、纹饰、装烧方式等，皆与典型金代豫西地区化妆土白瓷区别较大，而更接近于北宋时期的风格。目前尚未有更多的信息证明其年代，但应属于早期白地黑花中一类较为独特的产品。黑釉酱彩以洒斑装饰较为多见，另有绘制抽象菊纹与草叶纹图案的，这在其他窑场同类品种中鲜有发现。金代加彩瓷主要包括白地黑花与红绿彩。白地黑花以散草纹为主，并未形成独特的本地风格，有些与元代产品难以区分。红绿彩多为碗、盘器皿类，与长治八义窑产品风格近似。对比段店窑址北宋与金代器物，可以看出二者的特征差异较为明显，北宋时期的制瓷传统在金代并没有得以延续，这也与宋、金在

---

[1] 秦大树、李喜仁、马忠理：《邯郸市峰峰矿区出土的两批红绿彩瓷器》，《文物》1997年第10期。

[2] 梅国建：《段店窑——鲁山花瓷》，四川美术出版社，2014年；河南省文物考古研究所等：《鲁山段店窑遗珍》，科学出版社，2017年。

插图二　段店窑址的宋元时期废品堆积

豫西地区长时间的战争密切相关。元代产品则以白地黑花为主，器形多为碗、盘类与大盆。

段店地区是目前发现的豫西地区宋元时期产品品种最为丰富的窑场，并可能是唯一一处由北宋早期至元代晚期持续烧造所谓"磁州窑类型"产品的窑场。一直以来，学界对段店窑的主要关注点都是唐代的花釉瓷，近年又通过一些散落的资料对段店"汝瓷"进行探索，而宋元时期包括加彩瓷在内的所谓"磁州窑类型"器物始终未引起足够重视。以白地黑花产品为例，其自身发展分期、各时期与周边产地的交流影响情况以及前文所提到的一类风格独特的产品断代，都是值得关注的问题。

三、河津窑

河津固镇窑址位于今山西省河津市境内，地处吕梁山南麓，黄河与汾河汇流的三角洲地带。2016 年，山西省考古研究所对宋金时期固镇窑址三个地

插图三　河津固镇窑址

点进行考古发掘[1]（插图三），清理出四组制瓷作坊和瓷窑炉，另有水井等相关制瓷遗迹，出土可复原瓷器千余件。其中窑炉均为半倒焰式馒头窑，由通风口、扇形单火膛、窑床及双烟室组成。北宋时期产品多为精细薄胎的无化妆土白瓷，金代则以化妆土白瓷为主。白地黑花、剔花填黑彩、珍珠地划花等都是极具地域风格的装饰手法。发掘出土的白地黑花标本与残器，为解决考古发掘以及海内外馆藏中常见的白地黑花枕的产地问题提供了重要线索。此类产品黄白胎，釉面温润，多数有细碎开片；纹饰以折枝草叶纹为主要题材，花叶较为秀美，也有的以文字为主题。[2]窑址发掘出土的黑釉白花洗工艺较为特殊，在黑釉上用蘸有白色化妆土的毛笔绘制花纹，其草叶纹样的画法与白地黑花产品相同。

---

[1]山西省考古研究所：《山西河津固镇宋金瓷窑址》，《大众考古》2017 年第 2 期。
[2]孟耀虎：《河津窑金代黑画花瓷器》，《收藏》2017 年第 7 期。

四、乡宁窑

乡宁窑址位于今山西省乡宁县南部山区西坡镇土圪堆村南，西坡境内主要河流有罗毕沟河、硬家沟河（遮马屿河）和西家沟河，三河交汇处是窑场集中的区域。[1] 该窑址与河津固镇窑址虽现分属两县（市）管辖，但相距仅约 10 千米，或可看作同一窑场或窑区。

从笔者调查情况来看，乡宁窑的烧造年代为宋金时期。其中金代产品与河津固镇窑产品面貌极为相似，多为化妆土白瓷。装饰品种以白地黑花（彩图一五：4）与珍珠地划花最具特色，纹饰风格与固镇产品几无不同。

值得关注的是，乡宁窑址调查标本中见有一些黑花梅瓶残片。而也许是发掘面积有限等原因，在目前发表的 2016 年固镇窑址发掘资料中并无瓶类的白地黑花标本。国内外馆藏器中常见的一类白地黑花高梯形口梅瓶或许部分与乡宁窑有关。

五、定窑

定窑位于今河北省曲阳县灵山镇境内，宋金时期的窑场主要分布于两大区域：一是灵山镇以东的涧磁村与北镇村，二是灵山镇以西的东、西燕川村与野北村。1960~1962 年，河北省文物工作队对涧磁村定窑进行调查并试掘。[2] 1985~1987 年，河北省文物研究所先后在涧磁、北镇、燕川和野北选择了七处发掘点进行发掘，发现大量窑炉、作坊等遗迹。[3] 2009 年，河北省文物研究所和北京大学考古文博学院对涧磁岭、北镇、涧磁西及燕川等四个地点布方发掘。[4] 加彩瓷在定窑产品中并非具有代表性的产品，但也有一定的产量。以化妆土白瓷的白地黑花装饰为最多见，纹饰图案较为简单，主要

---

[1] 曾昭冬、刘翠：《山西河津、乡宁瓷窑遗存调查简况》，《文物世界》2017 年第 3 期。

[2] 河北省文物局文物工作队：《河北省曲阳县涧磁村定窑遗址调查与试掘》，《考古》1965 年第 8 期。

[3] 刘世枢：《业阳县唐、宋定窑遗址》，见中国考古学会编《中国考古学年鉴·1986》，文物出版社，1988 年；刘世枢：《业阳县定窑遗址发掘》，见中国考古学会编《中国考古学年鉴·1987》，文物出版社，1988 年。

[4] 秦大树、高美京、李鑫：《定窑涧磁岭窑区发展阶段初探》，《考古》2014 年第 3 期。

为梅花形点彩。2009 年定窑北镇区发掘出土有此类标本，判定时代为金代早期[1]。器形以碗为大宗，内壁与外口沿处施化妆土，外壁下部施黑釉或露胎。

此外，近年来各类资料的增多也丰富了学界对定窑加彩瓷品种的认识。细白瓷（无化妆土白瓷）有釉上金彩、红彩与红绿彩，黑釉有金彩与酱褐彩，民间藏品中也见有酱釉黑彩标本。

六、井陉窑

井陉窑宋金时期的烧造地点在河北省井陉县西南部天长镇与秀林镇，河北省文物部门对这一窑区已进行了七次考古发掘。据 2016 年的窑址调查与勘探资料[2]，城关、河东坡、东窑岭、北横口、南秀林等五处窑址发现了北宋时期的遗物，城关、河东坡、东窑岭、南秀林、冯家沟、北横口、南横口、梅庄等八处窑址均发现有金代遗存，窑业堆积很厚，说明金代是井陉窑的高峰时期。井陉窑加彩瓷的烧造情况与定窑极为相似（彩图一六），除黑釉金彩与酱釉黑彩尚未发现，其他品种都在窑址见有同类工艺产品。值得一提的是，在窑址区域发现了爪形戳具，证明井陉窑点彩类黑花部分使用了戳印工艺。

七、临城窑与内丘窑

宋元时期的临城窑位于今河北省临城县射兽村、南程村、解村与山下村，以及临城与内丘交界处的东磁窑沟村、西磁窑沟村、上沟村与陈刘庄村等。[3]内丘窑则位于城关原猪市一带以及城西北的北双流村。[4]山下窑[5]与磁窑

[1] 秦大树、高美京、李鑫：《定窑涧磁岭窑区发展阶段初探》，《考古》2014 年第 3 期。
[2] 河北省文物研究所、井陉县文物保护管理所：《井陉窑遗址考古调查勘探报告（下）》，《文物春秋》2017 年第 5 期。
[3] 杨文山：《论宋金时期邢窑白瓷的持续生产》，见张志忠、李恩玮、赵庆刚编《邢窑研究》，文物出版社，2007 年。
[4] 杨文山：《论宋金时期邢窑白瓷的持续生产》，见张志忠、李恩玮、赵庆刚编《邢窑研究》，文物出版社，2007 年。此两处窑场并未公布图片信息，面貌未知。
[5] 河北省文物研究所、临城县文物保管所：《临城山下金代瓷窑遗址试掘简报》，《文物春秋》1999 年第 6 期；河北邢窑博物馆：《河北临城山下金代窑址发掘简报》，《文物》2018 年第 8 期。

沟窑[1]曾进行过发掘清理工作，前者 2013 年的发掘收获较大。其余各窑中上沟窑[2]与南程村窑[3]的标本资料公布较多。

通常临城与内丘两县的窑场被归为邢窑范畴，本文不使用这一概念，原因如下：

第一，宋金时期内丘属邢州管辖，而临城属赵州管辖，元代两地也分属不同路级行政区划。这一传统窑区金元时期的中心区域已从隋唐时期的内丘李阳河流域转移到临城派河两岸以及两县交界地区，绝大多数器物应是在赵州境内所烧。

第二，虽然《太平寰宇记》《元丰九域志》与《宋史·地理志》皆有关于北宋邢窑瓷器或作为供瓷的记载，但从目前的考古资料来看，这一区域北宋时期的烧造情况仍不清晰。金元各窑址几乎不见早期遗存，可见自唐至金元并无延续性，器物特征与"邢窑"这一概念的核心本质有较大差异。

临城窑与内丘窑以白瓷与黑瓷为大宗，其中白瓷又包括仿定窑的精细白瓷与施化妆土白瓷两类。加彩器绝大多数为白地黑花产品。宋金时期主要使用点彩装饰，与定窑、井陉窑风格接近，此类产品在临城山下窑址有所发现。元代则多为碗、盆、枕类器物，与磁州窑无论画风还是器形都极为相似，临城磁窑沟窑址出土有此类标本。可以看出，宋元时期这一地区受临近窑场影响较深，并未形成独特的风格特点。

八、江官屯窑

江官屯窑址地处辽东半岛中部，位于今辽宁省辽阳市小屯镇江官村，遗存年代为辽金元时期。2013~2014 年，辽宁省文物考古研究所对该窑址进行了发掘，清理窑炉 10 座、灰坑 6 个、房址 1 座。目前可通过已发表的窑址第一

[1] 李恩玮等：《临城磁窑沟窑址考古发掘主要收获》，见北京艺术博物馆编《中国邢窑》，中国华侨出版社，2012 年。
[2] 索丽霞、赵庆国、刘军华：《临城县新发现两处金元时期瓷窑遗址》，见北京艺术博物馆编《中国邢窑》，中国华侨出版社，2011 年。
[3] 临城县文物管理所：《河北临城南程村瓷窑遗址调查报告》，见中国古陶瓷学会编《越窑青瓷与邢窑白瓷研究》，故宫出版社，2013 年。

地点发掘简报[1]以及《辽阳江官屯窑初步研究》[2]对此次发掘的情况进行了解。

出土瓷器以化妆土白瓷为主，另有酱釉、黑釉与茶叶末釉。加彩瓷多为辽金时期的白地黑花产品。辽代流行用点彩手法绘制简单纹样，有中原地区常见的梅花纹；金代则更多使用折枝花草纹作对称式构图进行装饰。包括赤峰缸瓦窑在内多处辽金时期窑场流行的"十"字形纹饰也在江官屯窑址发现较多。此外还有一类不加化妆土直接施透明釉的绘黑花品种，被称为"青灰釉"黑花，这类深胎粗瓷直接施透明釉的方式在辽代雁北地区的浑源窑也较为流行。

此次发掘为北方地区白地黑花品种的研究拓宽了视野。虽然并未发现太多年代判定的直接证据，但典型北宋、辽代造型的器物上很多都有黑花装饰，如平展折沿较窄的折腹炉、麻花把造型的葫芦形执壶等，且并非与白釉绿彩技法相类，而更接近于所谓的"成熟型"白地黑花。因此之前"辽产陶瓷中没有釉下黑花（主要是白地黑花）品种"[3]的观点与判断应当重新被审视。

九、其他窑址

北方地区进入 21 世纪后进行过发掘或系统调查，并出土有加彩瓷器的宋元时期窑址，还有禹州刘家门窑址、临汾龙祠窑址以及淮北烈山窑址。

2001~2002 年，北京大学考古文博学院与河南省文物考古研究所对禹州刘家门窑址进行了发掘，出土遗存绝大多数为钧瓷产品，加彩瓷仅见元代的少量白地黑花产品。

2003 年，山西省文物考古研究所对临汾龙祠窑址开一探沟作小规模试掘[4]，出土瓷器均为元代产品，加彩瓷有白地黑花与黑釉酱彩。白地黑花产品多为碗、盘类，纹饰较为简易，整体风格与河北、河南地区同时期产品差异较大。戳印黑花技法与宋金时期的井陉窑相同。黑釉器上出现酱彩绘折枝花、

[1]辽宁省文物考古研究所：《辽宁辽阳市江官屯窑址第一地点 2013 年发掘简报》，《考古》2016 年第 11 期。
[2]孟霜桥：《辽阳江官屯窑初步研究》，吉林大学硕士学位论文，2015 年。
[3]彭善国：《所谓辽代釉下黑花器的年代问题》，《文物春秋》2003 年第 5 期。
[4]孟耀虎：《山西平阳古瓷窑调查》，《考古与文物》2005 年第 3 期。

鸟纹等具象图案，这在元代山西以外的地区是极为少见的。

2018 年，安徽省文物考古研究所对淮北市烈山区烈山村一处窑址进行抢救性考古发掘[1]。据报道材料，位于南区的金元时期窑址发现了白地黑花产品，有碗与罐类，纹饰相对简单。该窑址是金代疆域最南端的窑场，可为研究南北窑业技术传播、所谓"磁州窑类型"窑场的范围、大运河出土器物产地等问题的研究提供重要资料。

十、加彩瓷研究的主要成果

21 世纪对加彩瓷各品种研究中最具成果的无疑为红绿彩瓷器。2009 年，深圳博物馆、深圳文物管理办公室、深圳市文物考古鉴定所携手深圳望野博物馆举办"精彩·中国——公元 12~13 世纪彩瓷器的辉煌"展览，将望野博物馆藏的 200 多件红绿彩瓷器公之于世，引起学界高度关注。2010 年，深圳博物馆等单位在深圳举办"中国红绿彩瓷器专题学术研讨会"，并出版了论文集[2]，推动了红绿彩瓷器创烧和流行年代、与金代宗教社会风俗关系、装饰艺术特点及材料科技等相关议题的研究[3]。

白地黑花品种综合性研究的论文中较为重要的有吉林大学马萌萌《北方地区宋元时期白地黑花瓷器的初步研究》[4]以及山西大学冯宵慧《山西地区宋元时期白地黑花瓷器初步研究》[5]两篇硕士学位论文，资料收集较为全面，对产地与年代判定较以往更为细化与精确。

十一、小结

在 20 世纪的瓷器研究中，由于窑址考古发掘不充分等原因，学界对作为宋元时期北方地区所谓"磁州窑类型"瓷器代表的加彩瓷了解并不十分全面，

---

[1] 沛相：《揭秘烈山窑》，《安徽日报》2018 年 8 月 10 日第 9 版。
[2] 深圳博物馆：《中国红绿彩瓷器专题学术研讨会论文集》，文物出版社，2011 年。
[3] 黄阳兴：《中国红绿彩瓷器专题学术研讨会纪要》，《文物》2010 年第 8 期。
[4] 马萌萌：《北方地区宋元时期白地黑花瓷器的初步研究》，吉林大学硕士学位论文，2016 年。
[5] 冯宵慧：《山西地区宋元时期白地黑花瓷器初步研究》，山西大学硕士学位论文，2017 年。

对非窑址出土或馆藏的此类品种器物的产地与年代问题始终无法很好地解决，而无法提供基础信息也给加彩瓷纹饰关于历史文化方面的研究带来障碍。21世纪以来的考古新发现为解决这一问题提供了一些重要线索，如河津固镇窑址的发掘使得出土及馆藏的大量白地黑花器物找到了产地信息，滏阳河流域窑址的红绿彩瓷器可与附近窖藏与墓葬所出塑像相对应。

宋元时期北方地区加彩瓷的研究在进入 21 世纪后取得了一定的成果，尤其是红绿彩的研究进展显著。信息量丰富是加彩瓷的重要属性，可通过器形、胎釉彩特征、装饰品种和纹样等多方面因素进行研究。加彩瓷研究的深入，对掌握宋元时期北方地区瓷器整体发展脉络及较为复杂的时空格局具有重要的意义。

（本文与于陆洋合写，原刊于《文物天地》2019 年第 2 期）

宋元时期南方地区加彩瓷窑址考古新进展

宋元时期南方地区的加彩瓷窑场主要有江西的吉州窑、湖南的衡山窑以及广东的雷州窑，其他地区亦见有少量生产加彩瓷的窑场，生产区域几乎涵盖整个南方地区。各窑场的产品地域文化特征明显，加彩瓷见有白地褐花、黑釉剔花填彩、粉上彩绘、青釉褐彩等类型。

一、吉州窑

吉州窑主要分布在江西省吉安永和镇，创烧于晚唐，极盛于南宋，衰落于元代。其产品种类繁多且各有侧重，见有青釉、白釉、黑釉、绿釉、雕塑瓷与彩绘瓷等。宋元时期，吉州窑是南方地区以烧造黑釉和彩绘瓷为主的综合性窑场。

窑址的调查工作开始于 20 世纪 50 年代。1953 年，何国维先生绘制了第一张窑址分布图。1974 年，江西省文物管理委员会对吉州窑遗址进行了小范围试掘，探明窑址宋代文化层与五代文化层的直接叠压关系。1980~1981 年，进行考古调查与首次大规模发掘，确认 24 处窑址堆积，揭露窑炉窑床与作坊各 1 处，并对其余 23 处窑址堆积进行了调查与试掘，揭露面积 2191 平方米，出土瓷器与窑具标本 4503 件。按堆积高度编号并以最大窑岭作为分界，窑场主要分为两个区域。窑岭以北的窑场主要烧造黑釉瓷，其次为彩绘瓷；窑岭以南的窑场则以乳白釉瓷为多，其次是黑釉瓷。清理窑岭南侧本觉寺岭窑址的一处龙窑结构窑炉，未见加彩瓷产品。发掘一处作坊遗址，位于窑岭北侧的斜家岭窑址与枫树岭窑址之间，发掘面积 200 多平方米，清理散水槽和淘洗瓷土、练泥和拉坯的生产操作区以及作坊遗迹，出土可复原的加彩瓷器物有罐、盆、枕、瓶、香薰、器盖等，彩绘装饰见有海涛纹、缠枝卷草纹、海棠花卉等[1]。由此，吉州窑加彩瓷的窑场面貌、产品种类、装饰技法等窑业信息基本廓清。

进入 21 世纪，为深入研究吉州窑遗址的文化内涵，开展和加强遗址的保护工作，江西省文物考古研究所主持开展了一系列吉州窑的系统调查与窑址发掘工作。

2006 年，江西省文物考古研究所采用航空遥感技术对吉州窑遗址进行勘探，并于窑门岭、小学、茅安岭、本觉寺塔北、本觉寺塔南、猪婆石岭、下瓦窑岭、老街等八个地点布方进行试掘，揭露龙窑遗迹 2 处、马蹄窑遗迹 1 处、灰坑 11 个、地面（或天井遗迹）5 处。2008 年，配合吉安县永和堤除险加固工程建设，对永和改线工程段所涉及的吉州窑遗址外围边缘进行了考古发掘，主要清理明代中期至清代民国时期的灰坑 3 座、池子 1 个以及釉料缸等遗迹 3 处。2012 年的发掘可以分为两个阶段。江西省文物考古研究所会同吉安县博物馆、吉安市博物馆以及南开大学、南京大学历史学院考古与博物馆学系分别对老陶瓷厂遗址、尹家岭遗址进行了考古发掘，主要揭露釉料缸 8 处、贮泥池 4 处以及道路、砖墙、匣钵墙、排水沟等作坊遗迹。同年，对东昌路改造工程路段进行了抢救性考古发掘，三处发掘区共揭露宋、元、明时期存在叠压关系的制瓷作坊遗迹 100 多个。出土一批宋元时期器物，包括青白釉、白釉、黑釉、绿釉以及白地彩绘瓷标本，新发现剪纸贴黑釉盏、剔花填彩瓶、彩绘玉壶春瓶以及三彩瓷枕等加彩瓷种类，丰富了窑址发掘资料。[2]

一系列调查与发掘工作，可以帮助厘清吉州窑的产品分期，推断宋元时期的制瓷工艺流程，明确吉州窑的制瓷文化内涵。与加彩瓷相关的工作进展主要有以下几方面：第一，基本确定加彩瓷的生产时期与区域。明确加彩瓷的生产主要集中在窑场的中部以北、以西一带，窑场主要包括讲经台、肖家岭、斜家岭、尹家山、蒋家岭、乱葬岗、枫树岭、牛牯岭、茅庵岭、后背岭、柘树岭和窑门岭窑址。第二，厘清各阶段加彩瓷的产品面貌。吉州窑的加彩瓷主要有黑釉剔花填彩（彩图一七：1）、黑釉釉上彩绘、白地釉下彩绘（彩

[1] 余家栋、陈定荣：《江西吉州窑遗址发掘简报》，《考古》1982 年第 5 期。

[2] 张文江、李育远、袁胜文：《吉州窑遗址近几年考古调查发掘的主要收获》，《中国国家博物馆馆刊》2014 年第 6 期。

图一七：2）以及加彩雕塑瓷，各期产品风格变化明显。其中，晚唐五代时期
产品以酱釉褐彩与乳白釉瓷为主，未见加彩瓷；北宋时期，产品转为以黑釉
与乳白釉瓷为主，加彩瓷开始出现，黑釉剔花填彩器物具有鲜明的地区性工
艺与装饰艺术风格，是我国古代陶瓷釉面装饰工艺的新阶段；南宋时期，黑
釉瓷与彩绘瓷生产极度繁荣，黑釉加彩瓷之外，白地褐彩瓷成为主要的加彩
瓷产品类别；元代，黑釉加彩与白地加彩瓷生产继续。第三，技术来源的探讨。
从时间上看，吉州窑加彩瓷的生产繁荣略晚于宋元时期北方地区著名的加彩
瓷窑场磁州窑与鲁山窑。在探讨加彩瓷技术来源时，发掘者曾提出吉州窑黑
釉褐斑腰鼓的装饰手法应是受到北方鲁山窑的影响，而白地加釉下褐彩工艺
则或多或少继承与发展了磁州窑彩绘瓷的烧造技法，在加彩瓷生产史上具有
承前启后的作用。[1]但就目前资料来看，上述窑场之间的相互关系尚不清晰。
值得注意的是，与磁州窑釉下彩瓷制作工艺不同，吉州窑白釉褐彩为直接在
胎上彩绘后入窑烧制，并未使用化妆土。

　　窑址相关工作的开展直接推动了对吉州窑加彩瓷的关注与研究。2012 年
2 月，深圳博物馆、深圳文物管理办公室、深圳市文物考古鉴定所联合主办了
"中国古代黑釉瓷器暨吉州窑国际学术研讨会"，其中两篇研究釉下彩瓷的
文章[2]，从禅宗思想与装饰纹样角度出发，较为深入地探讨了吉州窑加彩瓷
的文化内涵。

　　此外，宋元时期景德镇地区也见有加彩瓷生产。落马桥窑址位于景德镇
市中华南路 404 红光瓷厂厂区内，2012~2015 年进行多次发掘，出土加彩瓷见
有釉里红、红绿彩以及青花加彩瓷器物。依据年代顺序，产品可以分为四期，
釉里红、红绿加彩瓷在第三期元代第二段出现，青花加彩则要到元代第三段
才出现。该窑址加彩瓷的发现[3]，为研究景德镇窑区釉里红、红绿彩以及青
花加彩瓷的出现年代提供了重要材料。

---

[1]江西省文物工作队、吉安县文物管理办公室：《吉州窑遗址发掘报告》，《景德镇陶瓷》总第 21 期（中
　　国古陶瓷研究专辑·第一辑）。

[2]胡敏丽：《开扩大视野　提高关注度——中国古代黑釉瓷器暨吉州窑国际学术研讨会综述》，《收藏界》
　　2012 年第 5 期；黄阳兴：《瓷器研究的新发现——记黑釉瓷器和宋元吉州窑展览及国际学术研讨会》，
　　《收藏》2012 年第 13 期。

[3]翁彦俊等：《江西景德镇落马桥窑址宋元遗存发掘简报》，《文物》2017 年第 5 期。

二、衡州窑与衡山窑

衡州窑原名衡阳窑，窑场主要分布在衡阳市郊以及衡阳、衡山境内，烧造时间在晚唐到北宋前期。产品以青釉瓷为主，多为素面，早期几乎未见有施化妆土，晚期开始施化妆土，加彩瓷见有少量的青釉褐彩器物以及个别书写黑色或褐色文字的瓷片。在 2004 年由衡阳市文化局联合衡阳市文物局进行的窑址调查与发掘中，见有"横州白竹窑中坊"字样的青釉褐彩钵与绘有"横州"二字的青釉褐彩香炉等铭文加彩瓷[1]，为窑场定名提供了决定性的证据。衡州窑产品中加彩瓷数量极少，如衡阳蒋家窑，几乎所有产品皆为青釉器物，仅见 1% 的青釉褐彩器[2]。

衡山窑主要位于衡山县贺家乡湘江村湘江北岸的渡口边与赵家堆（瓦子堆）一带，创烧于北宋后期，衰落于元代。窑场范围包括衡南、衡东、衡阳、邵阳等县，包括但不限于原横州窑的窑场范围，窑址曾因盗挖而遭受严重破坏。1981 年，湖南博物馆与衡山县文化局对窑址遗存情况进行详细调查，展开抢救性清理。1983 年，清理工作继续，增开两处探方，清理窑炉 3 座，探明渡口边为加彩瓷窑场，而赵家堆窑场则同时烧造青瓷与彩瓷，1 号探方与 1、2 号窑出土的陶瓷器，除湘江窑青瓷与窑具外共 3112 件。据统计，其中单彩瓷器占 49%、双彩瓷器占 32%、粉上彩釉绘花类占 8%、釉下粉彩绘花类占 0.6%、釉上彩绘花类占 0.4%、印花瓷器占 6%、素陶占 4%。单色釉为青黄色透明薄釉，彩釉以绿、蓝、褐三色为主，通过深浅变化与不同釉色搭配进行装饰，产品包括碗、杯、钵、壶、瓶、炉、炊具以及其他杂器共 8 个主要种类。[3]衡山窑加彩瓷主要见有粉地彩釉绘花（彩图一七：3）、釉上彩与釉下彩三种形式。衡山窑的高温粉上彩釉绘花工艺，是在素胎上涂上白色化妆土，化妆土上用两色彩釉绘花，一次烧成，既非釉上彩，也非釉下彩。这种加彩工艺在唐代

---

[1] 衡阳市博物馆、衡阳市文物处：《衡州窑调查简报》，见湖南省文物考古研究所编《湖南考古辑刊·第8集》，岳麓书社，2009 年。
[2] 周世荣、郑钧生：《衡州窑与衡山窑》，湖南美术出版社，2012 年。
[3] 湖南省博物馆：《衡山窑发掘报告》，见湖南省博物馆、湖南省考古学会编《湖南考古辑刊·第3集》，岳麓书社，1986 年。

长沙窑中有发现，但两色彩釉绘花则为衡山窑首创。因此，衡山窑可以指代以粉上彩釉绘花为主要产品特征的彩瓷窑口[1]。釉下彩则见有仿白瓷釉下黑彩、白地釉下褐彩、黑底釉下蓝彩以及釉下黄地白彩等。

21 世纪以来湖南地区发现生产加彩瓷的窑址还包括江永千家峒窑址、营田窑址以及云集窑址群。

江永千家峒窑址位于江永县都庞岭山区，2001 年调查中发现加彩瓷产品，但此处窑址受破坏严重，仅采集到部分衡山窑系粉上彩釉绘花和釉下彩绘瓷片[2]。

营田窑位于岳阳市屈原管理区，是一处区域性民窑，见有加彩瓷产品生产。绘画产品通常分两次烧成，彩绘后先入窑焙烧，再施釉高温烧造，装饰风格与绘画题材与衡山窑、湘乡石龙窑等宋代瓷窑接近。[3]

云集窑址群位于衡南县云集镇。经第二次全国文物普查（1981~1985 年）统计，云集窑址群共保存有 56 座由窑炉、窑渣、瓷片堆积而成的窑包。1996年以来，衡南云集镇的新县城建设工程对云集窑址群造成了巨大破坏，文物部门共抢救性发掘龙窑遗迹 6 处。2010 年，云集窑被列为第七批全国重点文物保护单位申报对象，随即展开调查，探明窑包残迹仅余 23 处。窑址遗存可分为两大类，加彩瓷主要出现在第二类窑址遗存中，以五合 Y7 为代表，产品以印花与彩釉装饰为主要特征。因具体材料尚未发表，此处不再详细叙述。

21 世纪以来湖南地区加彩瓷窑址相关工作主要集中在衡山窑系彩瓷窑场与衡州窑青釉褐彩器物上。衡州窑是湖南地区最为著名的两大青瓷窑场之一，而衡山窑则是湖南乃至整个南方地区特征最为鲜明的加彩瓷窑场之一。衡州窑与衡山窑二者在时间上有前后承接关系，在空间分布上有重叠关系，但产品风格却截然不同。目前二者之间的关系并未明确，值得关注。

三、磁灶窑

磁灶窑位于福建省晋江市磁灶镇，为宋元时期福建地区一处重要的外销

[1] 周世荣、郑钧生：《衡州窑与衡山窑》，湖南美术出版社，2012 年。
[2] 周世荣、郑钧生：《衡州窑与衡山窑》，湖南美术出版社，2012 年。
[3] 岳阳市文物考古研究所、屈原区文物管理所：《汨罗市屈原管理区虎形山社区营田窑址发掘简报》，见《湖南省博物馆馆刊·第八辑》，岳麓书社，2012 年。

瓷窑址，窑址群的调查与发掘工作可以分为两个阶段。

第一阶段：窑址群的发现、调查与试掘。1956 年，故宫博物院联合福建省文物管理委员会对闽南地区古窑址进行调查，发现磁灶窑窑址群并发表调查报告，引起学界关注。1963 年与 1964 年，厦门大学人类学博物馆分别对蜘蛛山、土尾庵、许山和宫仔山等遗址进行调查，采集军持、粗陶器等器物。1979 年，福建泉州海外交通史博物馆开展考古调查，基本厘清南朝至明代磁灶窑范围内的 26 处古窑址，探明其中宋元时期的窑址 12 座，并对溪口山、蜘蛛山、土屋庵以及童子山一号窑进行局部试掘，采集标本 682 件。加彩瓷主要为青釉褐彩，见有碟、盆、执壶等器形。发掘者认为这一时期磁灶窑的绘花装饰，为泉州地区瓷器上丰富的釉下彩绘首开先河。[1]

第二阶段：正式的考古发掘。1995 年，福建省博物馆对土屋庵窑址进行的抢救性发掘，发掘面积约 100 平方米，清理龙窑 1 座，出土器物按釉色可以分为青釉、酱黑釉、黄绿釉与素胎器。加彩瓷以青釉点褐彩盏为主，也见有青釉点褐彩壶与青釉褐彩绘花瓶。简报于 2000 年发表。[2]

进入 21 世纪，为配合泉州地区"海上丝绸之路——泉州史迹"世界文化遗产的申报工作，福州博物院对磁灶窑中最具代表性的金交椅窑址进行了前后两期的抢救性考古发掘，累计发掘面积约 1500 平方米，清理窑炉 4 处、作坊 1 处，未见加彩瓷器。[3]

发掘结束后，磁灶窑的相关研究工作一直延续。2011 年，汇集历次考古调查发现、土屋庵窑址与金交椅窑址考古发掘资料、器物分期以及外销情况等重要成果的《磁灶窑址》[4]出版。此次综合性的梳理使得学界对磁灶窑的考古分期、文化内涵与外销窑址性质有了更全面的认识。与加彩瓷相关的成果有以下几点：第一，两个阶段的考古调查与发掘解决了磁灶窑的烧造时间问题。由南朝至元代，磁灶窑的文化面貌可以分为四期，加彩瓷的烧造主要在第四期，即南宋至元代这一时段。第二，加彩瓷发现的数量较少，仅出现在部分窑址。目前仅可以确认童子山一号窑址以彩绘瓷为主要产品，产品主

［1］陈鹏、黄天柱、黄宝玲：《福建晋江磁灶古窑址》，《考古》1982 年第 5 期。
［2］福建省博物馆：《磁灶土屋庵窑址发掘简报》，《福建文博》2000 年第 1 期。
［3］福建博物院：《磁灶金交椅窑址发掘简报》，《福建文博》2005 年第 2 期。
［4］福建博物院、晋江博物馆：《磁灶窑址——福建晋江磁灶窑址考古调查与发掘报告》，科学出版社，2011 年。

要为青釉褐彩碟。[1]加彩装饰主要为青釉褐点彩、青釉褐彩绘缠枝花卉、青釉褐彩鱼纹与褐彩题诗装饰，亦见有少量素胎褐彩器物，常见器形包括盆、盏、小罐、执壶等。所见磁灶窑的彩绘瓷为釉下褐彩，具体工艺为先在器物的坯体上施用白色化妆土，其后用褐色颜料在化妆土面上绘制纹样、图案与文字等装饰，然后再施青黄色透明釉，做成青釉褐彩产品。第三，加彩瓷是磁灶窑的主要外销产品种类之一。福建地区加彩瓷在日本、东南亚以及海上丝绸之路的沉船上都有发现，21 世纪以来窑址考古相关工作的进行，为海外发现加彩瓷的产地判定提供了可靠对比材料。

四、衢州两弓塘与乐清大坟庵窑址

两弓塘窑场位于衢州市全旺乡，是七处见有加彩瓷生产的窑址群的总称，产品主要为青瓷与青褐釉瓷器，其次为彩绘瓷器。1989 年，浙江省文物考古研究所对两弓塘 1 号窑进行了主动发掘。清理龙窑窑炉 1 座、堆积场 1 处，出土标本见有盆、钵、罐、壶、瓶、碗、器盖、腰鼓等，可分为单色粗瓷与彩绘瓷两种。加彩瓷见有青釉彩绘瓷与银灰釉彩绘瓷，皆为釉上彩绘。青釉绘彩是先在胎上施用一层化妆土，再施釉、绘彩（彩图一七：4）；银灰釉绘彩则未见化妆土，直接施于胎上，然后绘彩，见有笔绘、平涂剔划花填彩、划花填彩、平涂、勾绘等方式，牡丹、忍冬、缠枝和鱼纹为常见装饰题材。[2]

大坟庵窑址位于乐清白象镇陈家村，是一处以烧造褐釉瓷与褐彩青瓷为主的南宋时期地方性民窑窑址。2005 年年底，配合温州市绕城高速公路的施工，温州市文物部门对窑址情况进行了深度调查。产品主要为青釉瓷与褐釉瓷两类，以褐釉为主，约占 60%，褐釉瓷与褐彩青瓷约占产品总量的 75%，加彩瓷皆为青釉褐彩瓷器物（彩图一七：5），具有瓯窑青瓷的典型特征。[3]

浙江地区的加彩瓷窑场于 1985~1986 年的窑址调查中发现，产品主要为

［1］郭育生：《"海上丝绸之路"的外销瓷——磁灶童子山窑的产品及其工艺》，《海交史研究》2012 年第 1 期。

［2］浙江省文物考古研究：《浙江省文物考古研究所学刊（建所十周年纪念）》，科学出版社，1993 年。

［3］梁岩华等：《乐清大坟庵窑址的调查与认识》，《东方博物·第三十三辑》，浙江大学出版社，2009 年。

釉上绘彩青釉瓷，目前已发现的加彩瓷窑场集中分布于南至飞云江下游北岸，北至椒江下游以南的温州、乐清、台州"三湾"地带，与同区域青釉瓷遗存存在先后时序。浙江是成熟青瓷的起源地，以青瓷生产为主的越窑、龙泉窑、婺州窑、瓯窑等窑场，构成了完整的青瓷发展序列。进入 21 世纪，乐清大坟庵窑址的发掘，以及与磁灶窑土屋庵窑址出土青釉褐彩卷云纹执壶相似的青釉褐彩瓷的发现，为"宋元时期浙江加彩瓷生产，是闽、赣窑业系统影响力北上推进的结果"[1]这一论断提供了新的佐证。

五、金凤窑、广元窑、涂山窑

金凤窑位于导江县蒲村镇。1999~2000 年，成都市文物考古研究所联合都江堰市文物局在主要窑区进行调查、勘探与发掘，确认遗址面积约 30000 平方米，实际发掘面积 9195 平方米，探明窑炉 33 座、作坊区 10 处、堆积场 6 处，其中馒头窑 32 座、龙窑 1 座，出土可复原瓷器 5000 多件。加彩瓷主要出现在第二期，见有白地绘黑花碗、瓶、樽、盒等，为釉下彩绘，生产年代在南宋中晚期。[2]

瓷窑铺窑址毗邻广元市瓷窑铺乡嘉陵江右岸的千佛岩，不仅是广元窑的典型窑场，也是唐宋时期四川地区典型的黑釉窑址。1996 年，为配合 108 国道建设，四川省文物考古研究所主持对其进行抢救性发掘，简报于 2003 年发表。发掘清理窑炉 3 座，皆为马蹄形窑，作坊遗迹 1 处，出土瓷器、窑具遗物 7000 多件。加彩瓷见有绿釉粉绘瓷片、白底彩绘酱色花卉瓷片、草叶图案彩绘瓷片、青（黄）釉釉下彩绘盘。[3]

涂山窑是重庆地区著名的黑釉瓷窑场，始烧于北宋、兴于南宋，衰于元初，窑场主要分布于南岸区的涂山一带。1980 年调查发现，1982~1988 年，重庆市博物馆分批对黄桷垭、涂山湖、航灯厂、小湾以及桃子林窑址进行试掘，

［1］任世龙：《瓷路人生》，文物出版社，2017 年。

［2］张擎、黄晓枫等：《都江堰市金凤窑发掘报告》，见《成都考古发现（2000）》，科学出版社，2000 年；黄晓枫、张擎：《都江堰市金凤窑址发掘简报》，《文物》2002 年第 2 期。

［3］四川省文物考古研究所、广元市文物保护管理所：《广元市瓷窑铺窑址发掘简报》，《四川文物》2003 年第 3 期。

加彩瓷见有简单的釉下绘画装饰，在碗内壁用料浆勾勒等分短线、点白点装饰，或在碗沿用白色、深褐色釉绘制边线，或青灰釉绘铁黑色花草纹。[1]2003~2005年，重庆市文物考古研究所对酱园窑址进行较大规模发掘，发掘面积 705 平方米，清理窑炉 17 座（半倒焰式馒头窑）、建筑遗迹 1 处，另有灰坑、堆煤场（燃料）等遗迹若干。产品分为黑釉、青白瓷两大类，数量上以黑瓷为主。加彩瓷多见于青白瓷产品，以釉下绘制深褐色草叶纹装饰为主。[2]

宋元时期，四川地区（包括重庆）的瓷业生产格局发生改变，由以青瓷生产为主向青釉、黑釉、白瓷并举的局面发展，加彩瓷的生产也不再以青釉器为主。21 世纪以来的窑址发掘材料表明，以金凤窑、广元窑、涂山窑为代表的黑釉瓷窑场，受到北方磁州窑影响而生产白釉褐彩、黑彩瓷器等加彩瓷。

六、西村窑与雷州窑

西村窑是北宋时期岭南地区生产外销瓷的重要窑场，窑场主要位于广州市中心西北约 5 千米的西村增埗河东岸岗地上。加彩瓷器形主要是盆，常见腰鼓、碟、枕等，数量不多。褐釉点彩与彩绘是西村窑最具特色的装饰技法，运用酱褐色或黑褐色釉在青釉器物胎身绘制（釉上、釉下皆有）牡丹纹或菊纹，产品见有盆、腰鼓、碟、枕；或在器盖等位置施用点彩，产品见有小瓶、水盂、盒、罐等。报告撰写者认为西村窑酱褐釉彩的装饰手法应是受到长沙窑装饰工艺影响。[3]窑场的发掘工作皆在 20 世纪进行。

雷州窑是广州地区著名的民用瓷窑场，时代从唐延续到清，由半岛中部南渡河及通明河窑区、半岛西北部海岸及安铺湾窑区、半岛东北部今湛江港三个窑区组成，目前共发现窑址 220 多座，其中宋元时期的龙窑窑址占到70%。雷州市的杨家、纪家、客路、白沙和遂溪县的杨柑、港门、界炮、乐民、河头等乡镇是广东地区釉下褐彩的主要生产区，产品多见罐、枕等，既吸收磁州窑与吉州窑的加彩瓷工艺、风格，又具有鲜明的地方性民族风情。雷州

---

[1]陈丽琼：《重庆市涂山宋代瓷窑试掘报告》，《考古》1986 年第 10 期。

[2]林必忠、李大地、杨爱民：《重庆涂山窑——酱园窑址发掘简报》，《江汉考古》2007 年第 1 期。

[3]广州市文物管理委员会、香港中文大学文物馆：《广州西村窑》，香港中文大学中国考古艺术研究中心，1987 年。

窑的青釉褐花彩绘瓷有从碗、碟口沿点彩向繁复绘花发展的明显规律[1]。雷州窑的窑址发掘工作皆在 20 世纪进行，2003 年，集结考古调查、发掘、博物馆藏品等资料的《雷州窑瓷器》出版，为深入了解雷州窑窑场面貌充实材料。雷州窑加彩瓷曾一度被认为是磁州窑产品，21 世纪以来窑址材料的补充，为非窑址类遗存出土的雷州窑加彩瓷出处判定提供了借鉴。雷州窑加彩瓷皆为未使用化妆土的釉下彩瓷，在装饰风格上具有明显粤西地区社会风格，加彩瓷棺更是具有典型地方性风格的器物。

广东地区加彩瓷窑址的调查与发掘多在 20 世纪开展，21 世纪以来的工作进展主要见有雷州窑材料的整合出版、西村窑窑址出土加彩瓷的科技分析[2]等。此外，21 世纪以来的窑址考古相关工作还包括东南亚各地外销瓷的发现[3]。

七、严关窑与窑田岭窑

严关窑址发现于 1956 年，20 世纪 60~90 年代先后进行过多次调查与复查，并分别于 1964 年、1983 年以及 1994 年进行过三次小规模的抢救性发掘，相关考古材料在 2000 年之后才发表[4]。严格来讲，严关窑址并没有经过系统、全面的发掘，但通过多次调查与试掘可以了解到，窑址群由湘背地山、瓦渣堆和庵子堆三个聚集区构成，可确认尚存窑址（包）21 处，产品中见有少量的点洒褐彩与加彩瓷，在种类与产区方面具有一定的地区性特征。在装饰手法上，点洒褐彩装饰多为随意点洒，利用石灰釉高温黏度低、易于流动的特性制作，极少数有意点洒为花朵或其他图案；底釉则多见月白釉，少见青釉或淡青釉，酱釉为底点洒月白釉产品仅个别所见。褐彩点洒装饰常见于碗类，也见施于盏、盘类。加彩瓷则仅见用于壶类产品，且仅见褐彩。虽然数量与种类都比较少，但是有釉上彩绘与釉下彩绘两种加彩形式。釉上彩绘见有月白釉上加绘褐彩与褐釉底加绘白彩两种；釉下彩绘则是于胎上用褐彩绘画花

[1] 湛江市博物馆等：《雷州窑瓷器》，岭南美术出版社，2003 年。
[2] 朱铁权、余志等：《宋代西村窑瓷器微聚焦 X 射线探针无损分析研究》，《中国陶瓷》2010 年第 9 期；朱铁权、刘乃涛、毛振伟：《广州西村窑彩绘瓷无损分析检测》，《光谱实验室》2010 年第 5 期。
[3] 刘未：《中国东南沿海及东南亚地区沉船所见宋元贸易陶瓷》，《考古与文物》2016 年第 6 期；周晓楠：《从西村窑的考古发现看广州外销瓷航线》，《文物鉴定与鉴赏》2018 年第 6 期。
[4] 广西壮族自治区博物馆：《广西考古文集》，文物出版社，2004 年。

纹，再施月白釉烧造，目前所见花纹皆为草叶纹。

窑田岭窑位于永福县南雄村南，由木浪头、枫木岭、牛坪子、鬼塘岭、瓦屋背、塔脚、山北洲以及徐水冲窑址组成，以青瓷为主要产品，创烧于北宋，兴于南宋，宋末元初衰落。2010 年，为配合湘桂铁路改造工程，广西文物考古所主持对窑田岭窑场和塔角窑场进行抢救性考古发掘，清理龙窑窑炉、作坊等遗迹。发掘者将窑场分期定为四期，加彩瓷主要见于第一、二期的塔角窑场区域内，出土加彩瓷为釉下彩绘，主要是在大碗、檐口罐、腰鼓器身上绘上双螭或蜻蜓（彩图一七：6）等纹样，青釉褐彩花腔腰鼓是窑田岭窑址最具特色的产品。[1]21 世纪以来有关窑田岭腰鼓综合性研究的论文见有《广西宋代窑田岭窑腰鼓研究》[2]，作者全面收集已修复的腰鼓材料，对加彩装饰的技术来源论述精确全面。

21 世纪以来广西地区进行过发掘与系统调查，见有加彩瓷器物出土的宋元时期窑址还包括全州江凹里窑窑址[3]、柳城木桐一号窑址[4]与立冲南窑址[5]等。整体来看，广西地区的加彩瓷生产主要在桂西北地区，器物造型、纹饰等直接或间接模仿北方地区的耀州窑、鲁山窑等，窑业技术则更多受到湘江流域南下技术的影响。

八、小结

21 世纪以来的窑址考古发现，使得宋元时期南方地区加彩瓷的生产格局逐渐清晰。更多窑址材料的综合整理与科技分析为判定外销瓷的生产窑场、时代、文化内涵提供了必要的材料支撑，也为深化南、北方瓷业技术交流、地域民俗、文化风格以及海外贸易等议题提出了新的问题导向。

宋元时期，南方地区加彩瓷生产格局发生变化，唐代盛行的长沙窑与邛窑窑场已经衰落，加彩瓷的生产区域几乎涵盖整个南方地区。从加彩瓷产品

---

[1] 何安益、彭长林等：《广西永福县窑田岭Ⅲ区宋代窑址 2010 年发掘简报》，《考古》2014 年第 2 期。

[2] 吴辉：《广西宋代窑田岭窑腰鼓研究》，湖南师范大学硕士学位论文，2015 年。

[3] 广西壮族自治区博物馆：《广西考古文集》，文物出版社，2004 年。

[4] 广西壮族自治区博物馆：《广西考古文集》，文物出版社，2004 年。

[5] 广西文物考古研究所：《广西考古文集（第三辑）》，文物出版社，2007 年。

面貌上看，可以大致分为特征较为明显的三类窑场：白地黑（褐）彩与黑釉加彩类，窑场主要包括江西地区的吉州窑和四川（包括重庆）地区的广元窑、金凤窑、涂山窑；青釉褐彩类，窑场主要包括福建地区的磁灶窑、广东地区的西村窑与雷州窑、浙江地区的两弓塘与乐清大坟庵窑、广西地区的窑田岭窑址；粉地彩釉绘花类，主要集中在湖南地区的衡山窑系。

从生产年代来看，南方地区各个窑场加彩瓷生产的繁荣期主要集中在南宋至元这一时期，稍晚于北方地区的磁州窑系加彩瓷。进入 21 世纪，各地瓷窑址田野考古工作的推进，使得上述三类（主要）加彩瓷产品的生产区域、时期关系更加清晰。南方地区加彩瓷所受影响来源的多样性，应当是宋元时期各地区域资源、文化以及经济环境差异性的综合作用结果。以四川诸窑场为中心的西南地区，窑业资源环境特殊，窑炉形式与燃料皆与南方其他地区不同，产品装饰有明显的磁州窑风格，亦普遍使用化妆土；中南地区既受本地前期加彩瓷文化影响，也受到南下的北方加彩瓷生产工艺与装饰风格的影响，加彩瓷产品类别相对多元化且质量较高；沿海地区，海外贸易催动下，各窑场热衷于模仿内地各大名窑的特色产品，磁州窑、吉州窑、衡山窑都间接对区域内的产品面貌造成影响。

随着"海上丝绸之路"相关考古工作的推进，南方加彩瓷与海外贸易之间的互动关系或成为宋元时期陶瓷考古研究的重要研究议题。宋元时期中央王朝所实施的"海洋开放"政策，极大地促进了东南沿海地区瓷业的发展，外销瓷器品种与数量大增。[1] 21 世纪概括性的研究论文见有森达也《宋元外销瓷港口与输出》[2]，文章对北宋、南宋、元代各期对外港口的空间位置、贸易瓷产地与类别、输出地倾向都做了较为详细的归纳与整理，但未对加彩瓷窑场情况进行专门论述。从目前考古材料来看，"海洋性瓷业"发展视角下，南方地区生产加彩瓷窑场的时空发展序列与对外港口的开发与迁徙联系密切，应当引起关注。

（本文与吴双合写，原刊于《文物天地》2019 年第 11 期）

[1] 王新天：《中国东南海洋性瓷业发展史》，厦门大学博士学位论文，2007 年。

[2]（日）森达也：《宋元外销瓷的窑口与输出港口》，《考古与文物》2016 年第 6 期。

青白瓷窑址考古新进展

　　青白瓷约创烧于五代，发展于北宋早期，兴盛于北宋晚期至南宋早期，在南宋晚期衰退的同时发生巨大转变，元代以后主流青白瓷产品被卵白釉等瓷器所取代，但其生产一直延及明清时期。北宋中晚期到南宋早期的青白瓷胎釉质量精细，被称为"饶玉"，装饰以刻划花为主，印花装饰在南宋中期以后渐趋流行。纹饰题材以莲荷、牡丹、菊花等为主，手法简练，技巧娴熟。装烧方法上，北宋中晚期到南宋早期以仰烧法为主，南宋中期以后逐渐为芒口覆烧法所取代。[1]

　　青白瓷的生产以景德镇的湖田等窑场为核心，不仅生产规模庞大、窑业发展序列完整，而且质量高超。尤其是北宋中晚期至南宋早期青白瓷鼎盛时期的产品，其胎体薄而透光，釉色莹润亮丽，釉质如玉，釉面晶莹碧透，造型秀美精巧，被称为影青瓷器，目前所见这部分高质量瓷器主要限于在景德镇地区烧造。

　　青白瓷是两宋时期南方地区产品流布极广、窑业烧造规模极为庞大的一个瓷器种类。除窑业的核心景德镇以外，在纵贯整个江西南北的赣江流域及其支流如抚河等流域均有广泛的分布，并且在赣江上游的赣州七里镇、吉州永和镇和抚河流域的南丰白舍等地形成相当大的生产规模，质量仅次于景德镇地区，成为青白瓷生产的次级生产区域。

　　在江西以外，整个东南地区均有青白瓷窑址分布，包括长江沿线的安徽、湖北、湖南，以及更往南的浙江、福建、广东等省。尤其是福建省，从靠近江西地区的闽西北内陆延及闽东南沿海，几乎整个省域内均有生产青白瓷的

---

[1] 陈雨前：《宋代景德镇青白瓷的历史分期及其特征》，《中国陶瓷》2007年第6期。

窑场存在，其中德化、闽清一带生产规模相当庞大，产品广泛出口于海外市场。南宋时期的海外市场，福建的青白瓷占据了主流。

21世纪以来的青白瓷窑址考古工作主要集中在以下几个方面。

一、早期青白瓷窑址的发掘与青白瓷起源研究

青白瓷大约在五代前后出现，这一时期的窑址主要集中在长江沿线的江西、安徽与湖北境内，分别于江西的景德镇、安徽的繁昌、湖北的武汉一带初步形成新的窑业中心。湖北地区的青白瓷窑址主要集中在鄂东武汉与鄂州交界的梁子湖地区，窑址发现于20世纪70年代，到90年代末，湖北省博物馆、武汉市博物馆等单位曾多次对区域内的窑址进行详细调查，其中以梁子湖区域最为集中。1992年调查发现窑业堆积超过85处，并对典型窑址进行了发掘。产品以青瓷与青白瓷为主，时代兴起于唐末五代，北宋中晚期至南宋初为鼎盛时期，之后逐渐停烧。龙窑烧造，漏斗状匣钵装烧。[1]正式的考古与深入的研究工作主要集中在20世纪90年代前后，21世纪以来，景德镇与繁昌两地均取得了一系列重要的考古新成果。

1. 景德镇地区

探索青白瓷的起源及景德镇地区早期窑业的面貌，一直是景德镇地区陶瓷考古研究的重要内容。

经过多年的调查，可以确认景德镇浮梁县境内的南河流域集中了较多的早期窑址，是景德镇制瓷业初创时期的主要生产区。以此为中心，北京大学、景德镇陶瓷考古研究所、景德镇陶瓷大学等单位对这一区域进行了重点发掘与系统调查。

2012~2013年，对景德镇兰田窑进行了主动发掘。本次发掘以万窑坞窑址（A区）为主，并对临近的柏树下（B区）、大金坞（C区）两处窑址进行

---

[1] 鄂州市博物馆：《湖北鄂州市五处古窑址的调查》，《江汉考古》1995年第2期；武汉市文物处文物普查队：《武汉市武昌县湖泗窑址的初步调查》，见文物编辑委员会编《中国古代窑址调查发掘报告集》，文物出版社，1984年；湖北省文物考古研究所：《武昌青山瓷窑遗址发掘简报》，《江汉考古》1991年第4期；武汉市博物馆等：《武汉市梁子湖古瓷窑址调查》，《江汉考古》1998年第4期；武汉市博物馆：《湖北省武汉市江夏区浮山窑址发掘简报》，《江汉考古》1998年第3期；武汉市博物馆等：《湖北武汉江夏区王麻窑址1988~1996年的发掘》，《考古学报》2000年第1期。

了调查试掘，发掘面积 500 多平方米。此次发掘是对景德镇地区晚唐、五代时期窑址进行的首次全面的大规模发掘，出土了丰富的晚唐、五代到北宋初期的遗物，极大地丰富了对景德镇早期制瓷业的认识。

万窑坞窑址清理了包括一座窑炉在内的丰富遗迹，出土数以吨计的各时期瓷器和窑具。

窑炉为典型的南方斜坡状长条形龙窑，由窑前工作面、火膛、窑室、窑门等构成，残长不到 30 米。窑室内整齐密集放置近筒形的支烧具，以明火裸烧为主。万窑坞窑址的窑炉是目前景德镇地区发现时代最早、保存最完好的砖砌窑炉，填补了景德镇窑炉发展早期形态的空白。

万窑坞窑址的产品包括青黄釉、青灰釉和白釉瓷器等几类。其中在晚唐的第一期以青黄色釉占绝大多数，另有少量的酱色釉。在唐末五代初的第二期，青黄色釉仍占绝大多数，新出现 9.7% 的青灰釉器物和 4.6% 的白釉器物。此后青黄色釉器物比例不断下降，而青灰釉与白釉器物的比例不断上升。在北宋早期的第五期，青黄釉器物所占比例下降至约 54.7%，青灰釉器物和白釉器物所占比例分别增至 23.1% 及 22.2%。

装烧工艺上，第一期主要以明火裸烧为主；第二期开始出现漏斗状匣钵与垫饼等窑具，用于精细白瓷的单件装烧；第三期以后使用匣钵装烧的比例超过裸烧，成为此后的装烧主流。[1]

柏树下窑址只进行了小范围的试掘，发现龙窑窑炉 1 条，唐代晚期产品均为青黄色釉，器形单一，均为明火裸烧；唐末至五代早期产品以青黄釉为主，新出现青灰釉和白釉瓷器，但数量较少，器形较为单一，以碗、盘、盏、执壶、罐等为主，少量白釉器物用漏斗状匣钵单件装烧。[2]

除了正式的考古发掘外，2009 年 12 月，国家博物馆水下考古研究中心人员配合"中国古代外销陶瓷窑址调查与研究"课题的需要，调查了景德镇湘

---

[1] 秦大树等：《景德镇早期窑业的探索——兰田窑发掘的主要收获》，《南方文物》2015 年第 2 期；项坤鹏等：《景德镇南河流域三步园、焦坑坞、白虎湾窑址调查试掘简报》，《华夏考古》2018 年第 5 期；北京大学考古文博学院：《景德镇市兰田村大金坞窑址调查与试掘》，《南方文物》2015 年第 2 期。
[2] 北京大学考古文博学院等：《景德镇市兰田村柏树下窑址调查与试掘》，《华夏考古》2018 年第 4 期。

湖镇进坑村湖田窑址和陶院西侧五代窑址[1]。

2014 年 7~8 月，北京大学考古文博学院与景德镇陶瓷考古研究所合作，对湘湖一带 9~10 世纪窑业进行了专题性区域考古调查。集中调查的区域为景德镇浮梁县境内的南河、小南河流域，并涉及少量东河流域窑址，共调查、试掘窑址 50 多处[2]（插图一；彩图一八：1）。

通过对景德镇南河流域开展的一系列正式考古调查与发掘工作，我们基本上可以确定景德镇地区早期窑业的发展与青白瓷的起源过程。

一是理清了窑炉的变化过程。从乐平南窑清理的晚唐窑炉[3]、万窑坞唐末至五代时期的窑炉以及浮梁盈田凤凰山窑址清理的北宋早期的窑炉，

插图一　景德镇湘湖流域的生态环境

［1］曾令怡：《景德镇市湘湖镇陶瓷学院西侧窑址调查简报》，《中国陶瓷工业》2012 年第 3 期；邱莉：《景德镇湘湖五代窑址调查简报》，《大众文艺》2012 年第 20 期；程彩虹：《景德镇五代白瓷研究》，景德镇陶瓷学院硕士学位论文，2012 年。

［2］秦大树、李颖翀、李军强：《景德镇湘湖地区早期窑业调查与试掘的主要收获》，见江西省文物考古研究所、乐平市博物馆编著《景德镇南窑考古发掘与研究——2014 年南窑学术研讨会论文集》，科学出版社，2015 年。

［3］江西省文物考古研究所等：《江西乐平南窑窑址调查报告》，《中国国家博物馆馆刊》2013 年 10 期；张文江等：《江西景德镇南窑》，见国家文物局编《2013 中国重要考古发现》，文物出版社，2014 年。

可以看出晚唐到北宋时期景德镇地区窑炉发展的明显变化。首先是长度从较长变得较短，其中南窑窑炉近 80 米，万窑坞窑炉不到 30 米，而凤凰山窑炉仅为 15.75 米（斜长）。其次是坡度从较平缓变得较陡，南窑窑炉坡度为 10°~13°，万窑坞窑炉坡度为 19°~23.5°，凤凰山窑炉坡度为 23°。

二是理清了漏斗状匣钵的出现与使用过程。伴随着唐末至五代早期白瓷的出现及窑炉长度的缩短，装烧方式也由泥点间隔、置于支烧具上明火裸烧为主逐步演变成以漏斗状匣钵泥饼垫烧为主。早期的漏斗状匣钵主要用于较精细的白瓷烧造上。

三是在产品面貌上理清了青白瓷出现的过程。南窑全部是青瓷，万窑坞为青瓷与白瓷混烧，而凤凰山则以白瓷、青白瓷为主。由此可见，景德镇早期窑炉形制的变化趋势是为了适应产品种类的变化而发生的。

四是基本确定了青白瓷出现的时代。大约在唐末至五代初期，景德镇地区烧造青瓷的同时烧造白瓷，由于其釉料配方中含铁量较高，因此白釉泛青，与北方的白瓷有明显的区别。这种由于本土原料限制、原本属于瑕疵的不青不白的釉色在南方地区受到了广泛的欢迎，由此在北宋时期成为刻意追求的新瓷器品种，并在北宋晚期完全成熟，形成一种近似透影的影青瓷器。

五是确定了青白瓷的技术来源。包括南窑、兰田窑在内的晚唐时期景德镇早期窑业，无论是窑炉结构、装烧工艺，还是产品的胎釉特征、器形、装饰等，都与越窑有着十分密切的关系。唐末五代初期，伴随着白中泛青的白瓷出现，窑炉相应缩短并出现了以泥饼垫烧、漏斗状匣钵单件装烧的工艺，这种技术来源于北方的白瓷烧造中心定窑等窑场。因此，景德镇的青白瓷是在融合了南方越窑青瓷技术与北方定窑白瓷技术的基础上诞生的一个全新瓷器品种。

2. 繁昌地区

繁昌窑位于安徽省繁昌县城关镇南郊与西郊的丘陵山坡上，长江的东岸边，包括柯家冲、骆冲、张塘、半边街和柳墩等数个地点。其中以南郊城关镇高潮村柯家冲自然村的柯家冲窑址规模最大、保存最好，是繁昌窑的中心窑场。[1]

---

[1]陈衍麟：《安徽繁昌柯家村窑址调查报告》，《东南文化》1991 年第 2 期；安徽繁昌窑遗址考古队：《安徽繁昌窑遗址发掘与研究》，中国社会科学出版社，2010 年。

　　繁昌窑于 1955 年首先发现于繁昌柯家冲（插图二）。1958 年，安徽省文化局文物工作队对其进行了第一次调查与试掘，发现龙窑窑炉 1 条。1978 年、1982 年、1983 年，安徽省博物馆先后三次对窑址进行调查、试掘。1987 年，故宫博物院李辉柄先生对窑址进行了一次调查。1995 年，安徽省文物考古研究所配合古陶瓷学会年会在繁昌的召开对窑址进行了局面清理。1996 年，对骆冲窑址进行了试掘，发现了龙窑炉遗迹，出土大量的青白瓷标本。但直至 20 世纪末，试掘资料大多仍未经系统的整理与发表，因此限制了相关研究的深入开展。[1]

　　为了推动繁昌窑研究，深化认识遗址文化内涵，弄清窑场布局和功能分区，同时为遗址文化公园展示、建设提供考古学支撑，21 世纪以来先后进行了两次主动性考古发掘工作。

　　第一次发掘在 2002 年，由安徽省文物考古研究所主持，对柯家冲窑址进行为期两个半月的发掘，发掘面积 500 多平方米，揭露了龙窑窑炉 1 条、作

插图二　繁昌柯家冲窑址

[1] 杨玉璋等：《安徽繁昌窑研究新进展》，《东南文化》2009 年第 3 期。

坊基址 1 处、淘洗池遗迹 2 处以及排水沟、灰坑等遗迹，出土大量各种瓷器、窑具标本。窑炉长 52.15 米，近似于弧形，由窑前工作面、火膛、窑室、窑门、窑尾等构成，窑室内保存有大量的匣钵。瓷器主要是青白瓷，包括碗、盏、碟、盘、执壶、罐、盒、炉、盏托等。青白釉大多釉面均净，玻璃质感强。早期青白瓷质量较好，胎色洁白，釉色纯正，制作规整；晚期胎质变粗，色泽泛黄，制作渐趋粗糙。窑具主要是匣钵、匣钵盖、垫饼等。匣钵以漏斗状占绝大多数，内底通常留有垫饼垫烧的痕迹。垫饼主要是不规则的陶质实心小圆饼。窑址共分成五代、北宋早期、北宋中期三个发掘时期。

这是繁昌窑首次揭露完整的龙窑窑炉，首次揭露包括窑炉、作坊遗迹和原料产地等在内的完整窑场布局，也是首次从地层上系统地揭示繁昌窑的兴衰过程：出现于五代前后，兴盛于北宋早期，北宋中期以后衰落并逐渐停烧。[1]

第二次大规模的发掘在 2013~2015 年，发掘面积 1700 多平方米，除柯家冲外，还在骆冲地区发掘了近 300 平方米。[2]

在柯家冲发现了两条龙窑，其中 Y2 保存较好，通斜长 38.75 米，净宽 2~3 米，坡度 5°~23.5°，由窑前工作面、火膛、窑室、窑尾排烟室与窑门构成，窑门 4 个，南北各 2 个。窑室内多处保留成排的匣钵或匣钵窝、青白瓷器和灰烬等，窑顶覆盖窑棚。作坊区由原料加工区与成型区两部分构成，其中成型区有房址，房址内有贮泥池、辘轳坑等；原料加工区则有淘洗池等。在作坊区周边还发现了道路、车辙、工棚、窑棚等辅助设施。这是目前为止繁昌窑揭露的最为完整的窑场布局。

出土的标本以青白瓷为主，其次是各种类型的窑具。青白瓷主要有碗、盏、碟、盘、钵、温碗、壶、罐、盒、香炉、砚和瓷塑玩具等。窑具主要是匣钵、垫饼、垫圈和固定匣钵柱的窑柱等，匣钵主要呈漏斗状。产品按特征可以分成五代、北宋早中期两个时期。早期的青白瓷产品釉色浅淡纯正，白中微泛青色，白胎略泛青灰，结构致密，器形规整，整体风格与骆冲窑遗址出土的

---

[1] 中国科学技术大学科技史与科技考古系等：《安徽繁昌县柯家冲瓷窑遗址发掘简报》，《考古》2006 年第 4 期；安徽繁昌窑遗址考古队：《安徽繁昌窑遗址发掘与研究》，中国社会科学出版社，2010 年。

[2] 安徽省文物考古研究所等：《安徽繁昌窑遗址考古取得重要收获》，《中国文物报》2015 年 2 月 27 日第 8 版。

青白瓷器类似。后期的青白瓷产品釉色泛黄、泛绿或泛青，开片比例高于早期，制作工艺略显粗疏，器形特征与 2002 年繁昌窑遗址发掘划分的第二、三期器物相似。[1]

骆冲窑址位于繁昌县城西郊，发掘龙窑 1 条、房址 1 处，对瓷片废品堆积亦进行了解剖发掘。除火膛外，龙窑基本保存完整，呈南北向，斜长 26.4 米，宽 2.25~2.6 米，发现窑门 4 个，错位分布。窑室坡度为 14° ~19°。窑室内发现隔墙 4 道，将窑室分为 5 段。窑身西侧发现龙窑生产过程中使用的路面，局部用残窑砖铺垫。出土大量的青白瓷器和窑具。青白瓷器形较多，主要有碗、碟、盘、盏、温碗、壶、粉盒、枕及动物形小玩具等。白胎，胎质细腻。釉色浅淡，略泛青，部分明显偏白，亦有小部分泛黄，釉面光亮莹润，开片较少。窑具数量较多，主要有匣钵、匣钵盖、垫饼等。匣钵以漏斗状为主。骆冲窑烧造青白瓷的时间不长，应为五代至北宋早期。与其他繁昌窑遗址相比，骆冲窑遗址出土青白瓷器的釉色以及瓷胎原料加工和装烧工艺均处于领先水平[2]。

2013~2014 年，在发掘的同时对繁昌窑窑址群进行了系统的调查。[3]

经过大规模的发掘与系统的考古调查工作，繁昌窑的面貌基本得以理清：

繁昌境内五代至北宋时期青白瓷窑场主要分布于繁昌县城西、南郊，尤其以柯冲窑为代表的南郊规模最大，柯家冲窑是繁昌窑规模最大、窑炉最集中的窑场，其他周边窑场规模较小、时代较晚。柯家冲窑场专烧青白瓷，其窑炉技术、装烧工艺、产品原料及主要产品类型均未发生根本性变化，17 处窑址堆积同期的产品造型、胎釉特征高度一致。五代前后是繁昌窑的早期阶段，窑址主要有骆冲窑以及柯家冲窑的早期阶段，北宋早中期是繁昌窑的兴盛时期，北宋中晚期开始衰落，全面停烧的时间当在北宋晚期。[4]从窑炉、窑具、装烧工艺、产品面貌等特征来看，繁昌窑的技术来源当与景德镇相似，是在融合了南北制瓷工艺的基础上发展而成。

---

[1] 安徽省文物考古研究所等：《安徽繁昌柯家冲窑遗址 2013~2014 年发掘简报》，《文物》2016 年第 3 期。

[2] 安徽省文物考古研究所：《安徽繁昌骆冲窑遗址 2014 年发掘简报》，《文物》2016 年第 3 期。

[3] 安徽省文物考古研究所：《安徽繁昌窑窑址分布调查简报》，《东南文物》2016 年第 1 期。

[4] 安徽省文物考古研究所：《安徽繁昌窑窑址分布调查简报》，《东南文物》2016 年第 1 期。

二、青白瓷鼎盛时期景德镇地区青白瓷窑址的发掘研究

景德镇境内的瓷窑遗址可以分为市区、南河区、小南河区和东河区四个区域，其中市区主要为明清御窑厂区，南河及小南河区主要是宋元时期窑业区，东河流域则主要是明清民窑青花瓷业区。鼎盛时期的青白瓷窑场主要集中在南河流域，沿南河而下，有塘下、湘湖、石虎湾、黄泥头、湖田、杨梅亭、三宝蓬等著名窑址，其中湖田窑是最典型的一处。湖田窑址位于景德镇市区东南约 4 千米的竟成镇湖田村。湖田窑从五代时期开始生产青瓷与白瓷，白瓷胎质致密，透光性好，质量上乘。入宋以后，又成功烧制了青白瓷，胎釉介于青瓷、白瓷之间，白中闪青，青中泛白，湿润如玉。

湖田窑早在宋人的《夷坚志》《陶记》等文献中即已出现。20 世纪 30 年代至 80 年代初期，学者对窑址进行了零星的调查与试掘，在野外考古工作的同时还对出土青白瓷的器形、制作与装烧工艺等进行了综合研究，学术界对湖田窑逐渐形成了初步的认识。20 世纪 80 年代，湖田窑逐步进入了科学考古发掘研究时期。从 1988 年开始，截至 1999 年年底，江西省文物考古研究所对湖田窑址进行过 10 次发掘，发掘面积 6000 余平方米，清理了残窑炉、作坊等遗迹，出土了大量青白瓷器，涵盖五代至明代的各个时期，其中北宋晚期至南宋早期是青白瓷的鼎盛时期。1992~1993 年还对窑址区进行了全面系统的调查。[1]

虽然相关发掘工作主要集中在 20 世纪最后的 10 余年，但相关资料的整理与研究工作主要集中在 21 世纪。

21 世纪以来主要配合基本建设进行了一些抢救性发掘，如 2006 年为配合景德镇南环段高速公路的基本建设，江西省文物考古研究所等单位对道塘里与铜锣山窑址（插图三）进行的发掘。道塘里窑址清理出作坊和窑炉遗迹。窑炉为龙窑，长 18.25 米，宽 2.6~2.8 米，由排水暗沟、窑前工作室、火门、火膛、窑床、排烟室组成。铜锣山窑址揭露作坊遗迹 1 处、练泥池 1 个。两处窑址出土器物非常丰富，包括各种瓷器产品与窑具，产品面貌接近。青白

---

[1] 江西省文物考古研究所等：《景德镇湖田窑址——1988~1999 年考古发掘报告》，文物出版社，2007 年。

插图三　铜锣山窑址发掘现场

瓷数量最多，也有少量的青釉、酱釉瓷器。青白瓷产品器形多样，有执壶、碗、盘、碟、水盂、盏、酒台、杯、器盖、佛像等。使用漏斗状匣钵装烧为主。这两处窑址是北宋早中期景德镇地区以烧造青白釉瓷为主，兼烧少量青釉、酱釉瓷器的综合性窑址，其上限在北宋早期或可早到五代晚期，下限当在北宋中期，对于探索青白瓷的出现具有重要意义。[1]

　　此外，2015~2016 年，江西省文物考古研究所等单位对湖田古瓷窑址宋元明保护房拟扩建区域进行发掘，揭露出布局清晰、功能明确的元代窑业烧成区遗迹与制瓷作坊区遗迹，发现宋、元、明三个时期的地层叠压关系，出土大量瓷片与窑具标本。此次发掘中首次发现湖田窑元代的葫芦形窑。

　　除湖田以外，景德镇地区开展的与两宋时期青白瓷相关的工作还包括2006 年江西省文物考古研究所在盈田村发掘了凤凰山窑址，2014 年北京大学等单位在湘湖地区调查时清理了北宋中晚期的窑炉，2012~2015 年北京大学等单位在市区持续发掘了落马桥窑址等。[2]

[1]江西省文物考古研究所等：《江西景德镇竟成铜锣山窑址发掘简报》，《文物》2007 年第 5 期；江西省文物考古研究所等：《江西景德镇道塘里宋代窑址发掘简报》，《文物》2011 年第 10 期。
[2]景德镇市陶瓷考古研究所等：《江西景德镇落马桥窑址宋元遗存发掘简报》，《文物》2017 年第 5 期。

凤凰山窑址位于江西省景德镇市浮梁县湘湖镇盈田村委山脚下自然村西南侧凤凰山的西北山坡上，西北 300 米是南河。这一带沿南河两岸窑址密布，水上交通便利，又靠近瓷土产地——进坑瓷土矿，资源丰富。20 世纪 80 年代第二次全国文物普查时在山脚下村附近发现 6 处窑业遗存，是宋代景德镇地区主烧青白瓷的重要窑场之一。2006 年由江西省文物考古研究所等单位进行正式考古发掘，揭露出龙窑 1 条、作坊遗迹 1 间，出土了大批青釉、酱釉、青白釉瓷器和窑具标本。龙窑由窑前工作室、火门、火膛、窑床、窑尾出烟室、窑尾挡土墙等几部分组成，通斜长 15.75 米。出土的瓷器产品中青釉与酱釉较少，以青白瓷占绝大部分。器形种类不多，以执壶为大宗，占 90% 以上，此外亦有少量的碗、碟类器物。窑具有匣钵、匣钵盖、垫具和窑撑等，匣钵分为圆筒状与漏斗状两种。浮梁凤凰山窑址是北宋中晚期一处以烧制青白釉执壶为主的专业性较强的综合性窑场。[1]

北京大学考古文博学院在湘湖地区的调查中，于柳家湾金家坞清理了北宋中晚期的龙窑炉 1 条。窑炉由窑前工作面、火门、火膛、窑室、窑尾出烟室等组成，通斜长 17.2 米，宽 0.62~3.26 米。出土了一批高质量的青白瓷器。[2]

通过对 20 世纪湖田窑发掘材料的整理研究以及 21 世纪以来景德镇地区青白瓷窑址的发掘与整理研究，基本理清了湖田窑的窑业内涵：

第一，景德镇的湖田地区是两宋时期青白瓷窑业重要的生产中心，规模大、质量佳、档次高、发展序列完整。基本理清了湖田窑各时代窑业堆积的分布区域，其中北宋遗存分布最广、堆积最厚。

第二，通过地层与类型学对湖田窑的堆积进行了首次全面系统的分期，对湖田窑发展史有了一个更清晰的认识。两宋时期产品质量高超，从出土的文字材料来看，应该为皇家生产过贡瓷。

第三，揭示了鼎盛时期青白瓷的基本面貌。产品种类极其丰富，造型多样，包括生活用瓷、文娱陈设瓷和杂器等（彩图一八：2）。生活用瓷有碗、盘、盆、

[1] 江西省文物考古研究所等：《江西浮梁凤凰山宋代窑址发掘简报》，《文物》2009 年第 12 期。

[2] 秦大树等：《江西景德镇湘湖地区早期窑业调查与试掘》，见国家文物局编《2014 中国重要考古发现》，文物出版社，2015 年；秦大树、李颖翀、李军强：《景德镇湘湖地区早期窑业调查与试掘的主要收获》，见江西省文物考古研究所、乐平市博物馆编著《景德镇南窑考古发掘与研究——2014 年南窑学术研讨会论文集》，科学出版社，2015 年。

钵、碟、盏、盏托、杯、罐、瓶、执壶、温碗、渣斗、洗、碗、炉、灯、灯盏、熏炉等，文娱陈设用瓷有鸟食罐、花盆、印章、砚台、砚滴、人物塑像等。产品质量高，胎体轻薄，胎质细腻坚致，胎色洁白，釉色白中泛青、青中泛黄，釉面均净通透，整体胎釉晶莹如玉。

第四，揭露了大批制瓷作坊和窑炉遗迹。作坊遗迹包括房基、路面、水沟、淘洗池、陈腐池、练泥池、贮泥池、晾坯台、辘轳坑、釉料缸等，为探索湖田窑的工艺流程提供了材料。

第五，出土了极为丰富的装烧与制瓷工具。装烧窑具主要包括各种类型的匣钵与垫饼，匣钵以漏斗状为主（彩图一八：3）；制瓷工具包括轴顶碗、荡箍、拍子、母范、子范、碾轮、碾槽等，为研究湖田窑的装烧与制作工艺提供了大量实物资料。[1]

三、景德镇以外地区青白瓷窑址的发掘研究

1. 江西地区

江西地区青白瓷窑址的分布相当广泛，除景德镇地区以外，在整个赣江流域以及赣江的支流均有分布。21世纪以来重要的发掘工作有赣江上游的七里镇窑址、永和镇窑址、抚河流域的南丰白舍窑址。

为配合全国重点文物保护单位保护规划的编制，同时确定七里镇窑址的制瓷年代以及各时代产品风格，2014~2015年对赖屋岭、周屋坞两处地点进行了发掘。两处地点均清理了龙窑炉遗迹，出土了大量瓷器产品和匣钵、垫饼等装烧工具。瓷器主要有五代时期的青瓷、北宋早期的乳白瓷、北宋至南宋时期的青白瓷与酱釉瓷、南宋至元代的黑釉瓷等五个品种。青白瓷在两宋时期占有相当的比例，整体上胎体较厚，青白色釉透光性较差[2]（彩图一九：1）。

吉州窑是江西地区一处综合性窑场，创烧于晚唐，发展于五代，盛于北宋，极盛于南宋，元代衰落。品种繁多，有青釉、白釉、黑釉、白釉彩绘、

---

[1] 江西省文物考古研究所等：《景德镇湖田窑址——1988~1999年考古发掘报告》，文物出版社，2007年。

[2] 肖发标等：《破解宋代龙窑建造技术之谜——江西赣州七里镇窑址考古获重要发现》，《中国文物报》2015年2月27日第4版。

绿釉和雕塑瓷等，是我国古代黑釉瓷的生产中心之一，同时也是青白瓷窑系的重要窑场。为全面深入研究吉州窑，2006 年开始，江西省文物考古研究所主持了吉州窑的全面系统调查与发掘研究工作：2006~2007 年，采用遥感考古技术对吉州窑遗址进行了考古勘探；2008 年，配合永和改线段工程对涉及的吉州窑遗址外围边缘进行了考古发掘，发掘面积 800 平方米，清理了明代中晚期到清末民国时期的灰坑 3 个、池子 1 个、釉陶缸 3 个等遗迹，出土了包括两宋青白瓷在内的唐代以来各个时期的瓷器产品；2012 年，对尹家岭窑址、陶瓷厂区域进行了大规模发掘，揭露了釉料缸、贮泥池、辘轳坑等作坊遗迹；2012~2013 年，对东昌路改造工程路段涉及的窑址进行了大规模发掘，揭露了大量的作坊遗迹；2014 年 6 月，吉安县永和镇尹家村村民在吉州窑遗址西北面新建尹家祠堂，施工地面暴露了一批种类较为丰富的吉州窑瓷器标本，吉州窑考古队随即对吉州窑尹家祠堂遗址进行了地面调查和遗物采集；2016 年 4 月，在吉州窑考古队对茅庵岭遗址进行考古发掘时，吉安县永和镇永和村尹家村北面吉州窑遗址窑门岭堆积东南也发现了北宋时期的原生窑业堆积。产品种类有青白釉、酱黑釉、白釉、绿釉、黄釉、素胎器、釉陶以及青釉等。其中吉州窑门岭窑址是以烧造青白釉和绿釉、黄釉器为主的窑场，青白釉占采集标本的 32%。可辨器形有执壶的流与底、盆、碗底、盏、洗、碟、炉等。发掘领队张文江先生将吉州窑区域出土的两宋青白瓷分成三个类型：甲类胎质细腻，釉色灰白，釉层较薄，采用漏斗状匣钵泥饼垫烧，生产年代主要为北宋时期，广泛分布在吉州窑窑址，是北宋时期的主要生产品种；乙类胎质细腻洁白，釉色莹润，主要是南宋时期产品，推测为外来的客货，景德镇生产的可能性最大，分布地点比较广；丙类胎色灰，釉色白中泛灰，主要在茅庵岭窑址出土，与邻近的宁都、抚州一带的青白瓷比较类似，目前难以断定其属性。[1]

---

[1] 张文江等：《江西吉州窑遗址调查勘探取得重要收获》，《中国文物报》2007 年 8 月 31 日第 2 版；江西省文物考古研究所等：《江西省吉安县永和堤险加固工程发掘简报》，《南方文物》2011 年第 2 期；张文江：《吉州窑考古研究回顾》，见北京艺术博物馆编《中国吉州窑》，中国华侨出版社，2013 年；张文江：《吉州窑遗址近几年考古调查发掘的主要收获》，《中国国家博物馆馆刊》2014 年第 6 期；江西省文物考古研究院：《江西吉安县吉州窑尹家祠堂遗址调查简报》，《东方博物·第六十四辑》，中国书店，2017 年；江西省文物考古研究院等：《吉安县窑门岭南侧吉州窑遗址调查简报》，《中国国家博物馆馆刊》2018 年第 6 期。

江西的抚河流域是两宋时期青白瓷的重要生产区域，并在南丰白舍形成庞大的窑场。窑址在 20 世纪 50 年代被发现，经过多次调查与小规模试掘，1998~1999 年对南丰白舍窑饶家山窑址的两处堆积进行了大规模的考古发掘，2000 年以来对考古成果进行了系统整理并出版了相关报告。发掘揭露了一座龙窑窑炉以及丰富的作坊遗迹，出土了大量瓷器产品与窑具，确定白舍窑是以烧造青白瓷为主的大型窑场，北宋中晚期是其兴盛时期，北宋末期至南宋早期衰落。兴盛时期的青白瓷釉色多泛白，胎质致密，质量较高，部分泛灰或泛青；南宋初期以后胎质粗疏，釉色泛黄而干枯。北宋中晚期以漏斗状匣钵单件装烧，器物与匣钵之间使用泥饼垫烧；北宋末期至南宋时期流行涩圈叠烧。[1] 鼎盛时期的白舍窑产品质量极高，仅次于景德镇地区，常被误认为是湖田窑产品。

2. 福建地区

福建地区青白瓷生产区域广泛，规模庞大，产品数量多，持续时间长，是仅次于江西地区的青白瓷烧造区域。

2000 年以来先后发掘的重要青白瓷窑址有 2003 年南安市格仔口宋代窑址、南安市仑坪廊宋代窑址，2004 年德化祖龙宫元明窑址、莆田古松柏山窑元窑址[2]，2009~2010 年闽清捆蛇垱、二师傅岗宋代窑址，2010 年闽侯碗窑山宋代窑址[3]，2014~2015 年闽清下窑岗元代窑址[4]（彩图一九：2），2016~2017 年将乐碗碟墩一号窑址[5]（插图四；彩图一九：3），2017~2018 年将乐县南口下瑶窑址，2018 年的建宁县澜溪窑址（彩图一九：4）等。

福建地区的青白瓷窑址出现时间比较晚，在北宋中晚期前后开始大规模出现，南宋时期规模庞大，延及元明时期。窑业技术主要来自于景德镇地区，使用龙窑烧造，在南宋及元明时期出现分室龙窑；北宋及南宋早期主要使用漏斗状匣钵，匣钵与器物之间使用泥质垫饼垫烧，南宋早期以后广泛使用芒口覆烧技术；北宋及南宋早期流行刻划花工艺，南宋早期以后则流行印花工艺。

————————————

[1] 江西省文物考古研究所等：《江西南丰白舍窑饶家山窑址》，文物出版社，2008 年。
[2] 福建博物院：《莆田古松柏山窑址发掘报告》，《福建文博》2007 年第 2 期。
[3] 福建博物院：《福建闽侯县碗窑山宋代窑址的发掘》，《考古》2014 年第 2 期；福建博物院：《闽侯县碗窑山窑址 Y2、Y3 发掘简报》，《福建文博》2011 年第 4 期。
[4] 羊泽林：《福建闽清下窑岗窑址发掘的收获》，《中国文物报》2016 年 2 月 26 日第 8 版。
[5] 福建博物院等：《2016~2017 年将乐县碗碟墩一号窑址考古发掘简报》，《福建文博》2017 年第 4 期。

插图四　福建碗碟墩一号窑址全景

产品质量多数较为一般，胎质粗细不一，釉色泛白，釉面干枯而缺乏莹润感。其产品除供应本地市场及国内市场之外还大量外销，在海外的沉船、遗址中有大量的福建产青白瓷出水与出土。因此，海外出口应该是支撑福建地区青白瓷窑业发展的重要因素。

3. 广西地区

两广，尤其是两广交界地区是青白瓷窑址的重要分布区。

广西的窑址大致以海洋岭、大瑶山、莲花岭为线形成两大釉色系：以西为青瓷，以东为青白瓷。青白瓷窑址主要集中在西江流域，共有 10 多处，时代主要集中在两宋时期，延及元代。广西地区青白瓷窑址在北宋早期即已出现，这里是国内最早生产青白瓷的地区之一，北宋中晚期至南早期为兴盛时期，南宋中晚期以后逐渐衰落，也是青白瓷生产最早走向衰落的地区。窑炉均为长条形龙窑，主要以漏斗状匣钵装烧，一钵一器仰烧，足内底有小圆形垫饼，没有发现覆烧工艺。[1] 按产品面貌可分成两个类型：一是以桂平西山窑为代

---

[1] 韦仁义：《广西宋代的青白瓷》，《景德镇陶瓷》总第 59、60 期（中国古陶瓷研究会 92 年会专辑）。

表，素面为主，少量刻划花，釉色不稳定，偏黄或偏灰；二是以城关窑为代表，刻划花和印花流行，后期出现点褐彩。北宋早中期的青白瓷技术源于景德镇青白瓷技术，北宋晚期至南宋早期的青白瓷印花技术与广东潮州窑具有更多相似性。

广西地区青白瓷窑址正式的考古工作并不多，多为调查。21 世纪以来广西考古所与四川大学等单位联合对北部湾的青白瓷窑址进行了初步调查，将伟杨窑、岭垌窑、土东窑三处窑场划定为时代相继、风格各异的青白瓷窑场代表：伟杨窑是早期青白瓷窑场的代表，釉色泛灰蓝，器形较单一；岭垌窑器物轻薄精巧，釉色青白莹润，纹饰繁缛精美，是广西青白瓷烧造技术鼎盛时期的代表性窑场之一；土东窑器物较为粗率，胎体稍厚，纹饰潦草，风格迥异于北流河流域的青白瓷窑址，反映了广西青白瓷技术的衰落。[1]

4. 广东地区

广东地区唐宋时期制瓷业总体上以烧造青瓷为主，北宋时期出现烧造青白瓷的窑场；南宋时期制瓷业有所衰退，产品器物种类比前期减少，品种仍以青瓷为主，但青白瓷和青釉褐彩瓷数量有所增加，青白瓷多成为窑场兼烧的品种之一。广东地区烧造青白瓷的窑场主要以粤东的潮州窑、粤中的西村窑为主，惠州窑亦兼烧青白瓷。北宋时期主要以漏斗状匣钵单件仰烧，器物与匣钵之间使用泥饼间隔；南宋时期出现覆烧技术，但这种芒口瓷器只见于梅县瑶上和龙颈坑等少数窑址，应该是受景德镇技术影响而出现的。[2]

21 世纪以来广东地区青白瓷窑址考古工作并不多。

5. 湖南地区

湖南地区生产青白瓷的窑场主要分布在湘东醴陵丘陵地带，使用龙窑芒口覆烧，部分烧制青白瓷的窑口还用涩圈叠烧法仿烧龙泉窑以厚胎厚釉为特征的青瓷。青白瓷生产出现于南宋后期，盛于宋元之际，衰于元末。产品以碗、盘、碟类日用器物为主，亦有执壶、炉、塑像等。一般胎质较粗，胎色较深，青白釉泛灰，质量一般，装饰上主要使用印花技法。21 世纪以来先后

---

[1] 四川大学考古学系等：《广西北部湾地区宋代窑址调查》，《东南文化》2018 年第 4 期。

[2] 曾广亿：《广东瓷窑遗址考古概要》，《江西文物》1991 年第 4 期；黄慧怡：《广东唐宋制瓷手工业遗存分期研究》，《东南文化》2004 年第 5 期；刘大川：《广东唐宋窑址研究》，中山大学硕士学位论文，2008 年。

插图五　湖南益阳羊舞岭窑址发掘现场

发掘了四处窑址，包括 2010 年醴陵唐家坳宋元窑址[1]、2013~2014 年益阳羊舞岭宋元窑址[2]（插图五；彩图二〇：1）、2015 年醴陵钟鼓堂元代窑址、2016~2017 年浏阳盐泉宋元窑址。清理了龙窑炉与作坊遗迹，出土大量的青白瓷器与窑具。理清了湖南地区青白瓷生产的基本面貌。

6. 浙江地区

浙江是瓷器的起源地，其主流窑业从夏商时期开始出现，一直持续至明代中期前后，先后形成了越窑、龙泉窑、瓯窑、婺州窑、德清窑等一系列著名窑口，以生产青瓷为主体，部分窑场兼烧黑釉等瓷器。在与福建、江西交界的浙西地区则有受两省影响而形成的窑场，其中青白瓷是重要的窑业产品之一。浙江的青白瓷窑址主要分布于江山的碗窑、泰顺与文成交界的珊溪水库、临安的天目山南麓等，在这些地区形成了较大的窑址群，此外在金华、

---

[1] 蒋百稳：《湖南醴陵发现北宋窑址醴陵窑历史推进 680 年》，《陶瓷科学与技术》2010 年第 9 期。

[2] 湖南省文物考古研究所等：《湖南益阳羊舞岭窑址群调查报告》，见湖南省文物考古研究所编《湖南考古辑刊·第 8 集》，岳麓书社，2009 年；湖南省文物考古研究所等：《湖南益阳羊舞岭瓦渣仑窑址Ⅱ区发掘简报》，见湖南省文物考古研究所编《湖南考古辑刊·第 11 集》，科学出版社，2015 年。

苍南等地亦有小规模的生产。江山碗窑、泰顺的玉塔与下革等窑址均在 20 世纪进行过较大规模的发掘，基本理清了浙江青白瓷生产的时空特征。浙江的青白瓷约出现于北宋中晚期，兴盛于南宋时期，元代基本停烧。产品多泛灰色或青色，质量一般。北宋至南宋早期以漏斗状匣钵单件仰烧为主，器物与匣钵之间使用泥饼垫烧，流行刻划花装饰；南宋中期以后以芒口覆烧为主，流行印花装饰。其中泰顺玉塔（彩图二〇：2）、江山的桐坞等窑址的产品质量较高。

21 世纪以来浙江青白瓷窑址考古工作不多。2012 年，我们在龙泉大窑地区进行窑址调查与发掘时，在垟岙头发现了一处烧造青白瓷的窑场，时代为南宋，产品以印花为主，釉色青灰（彩图二〇：3）。这是首次在龙泉窑核心区域发现生产青瓷之外产品的窑场。

2013 年 3~4 月，杭州市文物考古研究所与临安市文物馆联合对天目溪流域瓷窑址进行了复查和系统调查[1]，采集了一批瓷器标本，以青白瓷为主，有少量的黑釉瓷器（彩图二〇：4）。

四、关于青白瓷起源的思考

早期青白瓷窑址的发掘与研究、青白瓷起源与发展过程的初步确立，是 21 世纪以来青白瓷窑址考古的最大收获。但关于青白瓷的起源，仍有许多问题值得深入思考。

许多学者认为繁昌是青白瓷的起源地与早期生产中心，在北宋时期影响景德镇并形成新的生产中心。

黄义军认为，五代前后南方地区在仿制北方白瓷时，由于当地特有的瓷土资源，容易烧出釉色偏青的瓷器，即青白瓷。这种瓷器釉中的铁与氧化钙含量较高，铁主要来自于瓷土，氧化钙则来自于越窑传统的人工配料，后者可以使釉更加透明。青白瓷釉的配方继承了南方越窑的钙釉技术传统，釉层清澈透明，不同于北方白瓷的半透明釉。青白瓷的青色是釉本身的颜色，是

---

[1] 杭州市文物考古研究所等：《杭州市临安天目窑址 2013 年度考古调查简报》，《东方博物·第五十三辑》，中国书店，2014 年。

釉中铁成分在还原气氛下的呈色效果。[1]也就是说,南方的青白瓷一开始是本地瓷土资源所造成的一种偶然、并非刻意追求的产品。通观景德镇地区出土的五代前后白瓷产品,部分泛相当程度的青绿色,与晚期的青白瓷无异。因此五代前后白中泛青的瓷器并非繁昌所独有。

张文江认为,目前见于报道的最早生产青白瓷的五代窑址有湖北青山、安徽繁昌两地,其中青山窑址的主要产品是青瓷、白瓷、青白瓷和酱釉瓷,可明确判定为五代时期的产品是青瓷和酱釉瓷,大量釉色统一的青白瓷要晚到北宋中期以后;繁昌窑早期已开始使用一器一匣的装烧工艺,虽然也使用五代的支钉叠烧法,但不及五代时期的支钉细密,且五代时期没有采用匣钵装烧技术,而同时期的景德镇湖田窑仍以支钉叠烧为主,各地五代墓葬出土的瓷器也是采用支钉叠烧,所以繁昌窑的时代不一定能早至五代,而应该在北宋初期,甚至有可能是北宋中期。[2]

换言之,南方地区早到五代至北宋早期生产白瓷或青白瓷的窑址,目前所见主要集中在景德镇地区。这也意味着,青白瓷的起源地与发展中心一直是景德镇地区。但景德镇地区五代的白瓷是如何发展成北宋中晚期真正的青白瓷的,这个过程仍不是十分清晰。北宋早期青白瓷窑址考古是今后需要重点关注的课题,其中铜锣山与道塘里一带的窑址可能对探索青白瓷的起源有重要意义[3]。

(本文原刊于《文物天地》2019 年第 4 期)

[1] 黄义军:《宋代青白瓷的历史地理研究》,文物出版社,2010 年。

[2] 江西省文物考古研究所等:《江西景德镇竟成铜锣山窑址发掘简报》,《文物》2007 年第 5 期;江西省文物考古研究所等:《江西景德镇道塘里宋代窑址发掘简报》,《文物》2011 年第 10 期;张文江、何敬:《从铜锣山等几处窑址的发掘看宋代景德镇窑业状况》,《东方博物·第三十辑》,浙江大学出版社,2009 年。

[3] 张文江、何敬:《从铜锣山等几处窑址的发掘看宋代景德镇窑业状况》,《东方博物·第三十辑》,浙江大学出版社,2009 年。

南方地区黑釉瓷窑址考古新进展

黑釉瓷是施以富含氧化铁及少量或微量的锰、钴、铜、铬等的氧化剂为呈色剂的釉料，在约 1300℃的氧化焰中烧成的釉面呈黑色或黑褐色的一种瓷器。

南方地区不仅是瓷器的起源地，也是黑釉瓷器的起源地。

黑釉瓷产生于东汉，成熟于东晋，发展于隋唐，繁荣于宋金，时间上从东汉延续至今，空间上遍布全国南北，自创烧以来便未曾间断。黑釉瓷器最早出现在浙江德清、上虞一带，东晋时德清窑已能生产出乌黑精致的鸡首壶、盘口四系壶、四系罐等黑釉器物，与青瓷并行发展，但始终未进入瓷器生产主流，只是青瓷的附属产品。[1]唐代，黑釉瓷的生产已初具规模，但除少量精品外，此时的黑釉器多以民间日用瓷为主且质朴廉价，因而被忽视，成为游离当时"南青北白"格局之外的又一瓷器系统。宋元时期，饮茶和斗茶之风的盛行刺激和带动了黑釉瓷的发展和繁荣，以建窑和吉州窑为代表的黑釉瓷开始登上历史舞台，河南、河北、山西、陕西、山东等地在已有的烧制黑釉瓷的经验基础上兴起了仿建盏热潮。此时的黑釉瓷器虽有精致如曲阳黑定的纯黑釉器，但更多的是追求多变的华丽外观，既流行如窑变（油滴、兔毫纹、玳瑁、虎皮斑）、剪纸贴花、木叶纹等南方装饰工艺，也大量运用黑釉剔花、铁锈花、白覆轮、黑釉凸线等北方装饰传统。元代以后，由于饮茶习惯和统治者审美风格的改变，以及景德镇窑业的兴起，至元末明初，黑釉瓷的烧造逐渐衰落。但由于黑釉瓷取材容易、制作简单、成本低廉，故始终在民用瓷中占据着一定地位。

---

[1] 阎焰：《知白守黑——北方黑釉瓷精品文物展》，《收藏》2016 年第 11 期。

21 世纪以来，我国瓷窑址考古工作不断深入，学界对黑釉瓷的关注也随之提高，并出现了一些专门针对黑釉瓷的区域性整理和研究[1]。本文以此为线索，同时结合近几年有关瓷窑址的调查和发掘工作，对 21 世纪以来南方黑釉瓷窑址考古新进展进行初步梳理与介绍。

一、先秦时期黑釉瓷窑址考古工作

先秦时期的黑釉原始瓷发现很少，主要集中在浙江的西、南部地区，包括衢州、龙游、东阳、瑞安[2]等地。浙西南地区的黑釉原始瓷大致可以分成两种情况：第一种是表面施黑色涂层，较厚而未完全烧结，玻璃质感不强，与釉的差别较大，但涂层均匀，胎釉结合好，不易剥落[3]（彩图二一：1）；另一种是完全烧结，玻璃质感强，与原始瓷青釉基本一致，釉层较厚，胎釉结合好[4]（彩图二一：2）。部分黑釉器物釉层厚薄不匀，釉色不甚稳定，积釉厚处呈黑色，薄处呈酱褐色，因此又有学者称之为酱褐色釉或酱色釉。

浙西南地区还流行一种称为"着黑陶"的器物。着黑陶又称泥釉黑陶、黑衣陶等，因器物内外均用稀薄的酱液着染成黑色而得名。这种涂层较为粗

---

[1] 聂璐铭：《中国北方地区北朝至唐代黑釉瓷器的考古学研究》，吉林大学硕士学位论文，2018 年；刘艳：《江西地区宋元黑釉瓷研究》，江西师范大学硕士学位论文，2015 年；杨敬好：《论邢窑的黑釉瓷》，《文物世界》2015 年第 2 期；方忆：《宋元时期浙江地区的黑瓷生产及其相关问题初探》，《东方博物·第五十三辑》，中国书店，2014 年；周有光：《桂北古代窑址调查与研究》，见广西壮族自治区博物馆编《广西博物馆文集（第十一辑）》，广西人民出版社，2014 年；杨浩淼：《河南地区唐宋金时期黑釉瓷器的类型与分期》，郑州大学硕士学位论文，2014 年；张文江等：《吉州窑遗址近几年考古调查发掘的主要收获》，《中国国家博物馆馆刊》2014 年第 6 期；桂冠：《建窑黑釉瓷器研究》，吉林大学硕士学位论文，2013 年；李蔚然：《北方地区宋辽金黑釉瓷器的考古学研究》，吉林大学硕士学位论文，2012 年；傅裕：《重庆地区宋代黑釉瓷研究》，《长江文明》2010 年第 3 期；王轶鸿：《山西黑釉瓷概述》，《文物世界》2010 年第 6 期。

[2] 浙江省文物考古研究所：《瑞安岱石山石棚和大石盖墓发掘报告》，见《浙江省文物考古研究所学刊》，长征出版社，1997 年；俞天舒：《瑞安石棚墓初探》，《东南文化》1994 年第 5 期；俞天舒：《浙江瑞安凤凰山周墓清理简报》，《考古》1987 年第 8 期；俞天舒：《中国黑瓷创烧时代及地点新说》，《东南文化》1989 年第 6 期。

[3] 沈岳明：《东阳巍山、歌山周代土墩墓》，见浙江省文物考古研究所编《浙江考古新纪元》，科学出版社，2009 年。

[4] 浙江省文物考古研究所：《古越瓷韵》，文物出版社，2010 年。

糙、无光、吸水性强、极易剥落，与原始瓷釉的烧结状态有较大的区别[1]（彩图二一：3）。从目前的考古材料来看，着黑陶主要分布于浙江西部地区的衢州一带，在金华、温州以及与浙江相邻的福建北部、江西东部亦有分布，是浙闽赣三省交界地区独具特色的文化因素。着黑陶与黑釉器物分布的地域基本重叠，只是这一地区黑釉器物出土数量更少，更不普遍；着黑陶涂层一般较薄而不均匀，容易剥落，而黑釉器物涂层不管是未玻化还是完全玻化均较厚而均匀，胎釉结合好，不易剥落；着黑陶主要流行于商代早期之前，商代中期以后则极少见，而黑釉器物出现于商代中晚期，流行于西周至春秋时期。两者存在时代上的承继关系，即黑釉器物极有可能是从着黑陶发展而来。

浙西南地区因未发现相关窑址，因此具体发展过程并不明确，但从遗址与墓葬中出土的器物来看，黑釉器物在西周、春秋时期一直存在，可以看成是着黑陶传统的延续。由此，这一带的黑釉原始瓷在早期黑釉瓷的发展历程中也占有重要的地位。战国时期此类黑釉器物发现很少，似乎形成了断层，先秦时期黑釉器物与晚期成熟黑釉瓷的渊源关系仍不甚了了。

21 世纪先秦时期原始瓷窑址考古工作主要集中在浙江北部的东苕溪流域，包括瓢山、南山、火烧山、亭子桥、长山等窑址，此外在福建地区先后发掘了浦城猫耳弄山、武夷山竹林坑、德化苦寨坑等窑址。猫耳弄山窑址外的其他窑址基本纯烧青瓷，而猫耳弄山窑址是夏商时期的着黑陶窑址，这是目前发掘的唯一一处着黑陶窑址，对于探索浙闽赣三省交界处早期窑业具有重要意义。

二、汉六朝时期黑釉瓷窑址考古工作

东汉中晚期是成熟瓷器的起源时期，主要产品为青瓷，亦有少量的黑釉瓷器。东汉晚期也是黑釉瓷器烧造成熟的时期，窑址主要集中在德清与上虞两地。

---

[1] 李家治等：《浙江江山泥釉黑陶及原始瓷的研究》，见《中国古陶瓷研究》，科学出版社，1987 年；李家治：《我国古代陶器和瓷器工艺发展过程的研究》，《考古》1978 年第 3 期；李家治：《浙江青瓷釉的形成和发展》，《硅酸盐学报》1983 年第 1 期；李家治、罗宏杰：《浙江地区古陶瓷工艺发展过程的研究》，《硅酸盐学报》1993 年第 2 期。

上虞是成熟青瓷的起源地，汉六朝时期的窑业中心，其中两汉时期的窑址有近 150 处，可以建立起从秦汉原始瓷到成熟瓷器的完整过程。上虞地区成熟黑釉瓷器的出现要迟至东汉中晚期，东汉晚期以帐子山窑址为代表的黑釉器物，釉层厚，施釉均匀，黑色较深，釉面玻璃质感强，质量相当高，完全达到了成熟青瓷的高度（彩图二一：4）。但上虞地区烧造黑釉瓷器的窑址数量比较少，绝大多数窑址纯烧青釉瓷器，帐子山等少量兼烧黑釉瓷器的窑址主要产品亦为青瓷器，黑釉瓷器所占比例极低。到三国、西晋上虞窑业发展的高峰时期，窑址几乎纯烧青釉瓷器而不再兼烧黑釉器物。东晋、南朝是上虞地区窑业发展的相对低谷，窑址数量与产品种类大幅下降，重新开始兼烧少量的黑釉器物，但施釉薄，釉色泛酱、泛褐，黑色不如东汉时期，釉面较干涩，质量较差。

德清窑分布于浙江北部，以德清为中心，包括德清、余杭、湖州南部地区在内的东苕溪中下游地区，东汉时期创烧，发展于三国、西晋，鼎盛于东晋、南朝，停烧于中唐，青瓷与黑瓷合烧。高质量、较大比例的黑釉瓷器烧造是德清窑最大的特色。东汉晚期德清窑成功烧造出成熟瓷器，除青瓷外亦包括一部分黑釉瓷器。青山坞、荷花湖等窑址的黑釉产品器形较为丰富，釉色黑而均匀，玻璃质感强，质量不在上虞帐子山窑址黑釉产品之下（彩图二一：5）。由于这一时期德清窑数量较少，因此黑釉产品的烧造显得尤为突出。三国、西晋时期，德清窑将其黑釉技术进一步光大，黄角山等窑址开始纯烧黑釉产品，这也是德清窑发展史上唯一有窑址纯烧黑釉瓷器的时期。东晋、南朝时期是德清窑鼎盛时期，器物种类丰富，型式各异，器形规整，造型端庄大气，虽仍以青釉瓷器为主，但黑釉瓷器的生产亦达到顶峰，几乎所有窑址均兼烧黑釉器物，厚釉达到黑如墨、亮如漆的效果（彩图二二：1）。

除此之外，永嘉夏甓山东晋、南朝时期的瓯窑遗址也兼烧少量的黑釉瓷器，数量极少，以碗为主，釉层普遍较薄而呈酱色。作为浙江地区另外一大窑场的婺州窑，汉六朝时期的窑址则发现不多。

东汉黑釉瓷的成熟打破了浙江长期以来单一烧造青瓷的局面，它的出现对青瓷褐色点彩和褐色彩绘的应用也有极大的影响。从西晋晚期开始，褐色点彩成为东晋、南朝青瓷的主要装饰艺术。

汉六朝时期的瓷窑址工作主要集中在上虞与德清两地。在上虞地区，于

2012~2018 年对东苕溪流域进行了系统调查，窑址数量增至近 300 处，其中以汉六朝时期窑址占绝大多数，确认并新发现了少量兼烧黑釉的东汉以及东晋、南朝时期窑址。在德清地区，于 2012~2014 年在下渚湖区域发现并确认了一个由近 30 处汉代窑址构成的大型窑址群，包括原始瓷窑址及成熟瓷器窑址，以原始瓷窑址为主，成熟瓷器窑址以烧造青瓷与原始青瓷为主，兼烧少量的黑釉瓷器。

三、隋唐五代时期黑釉瓷窑址考古工作

隋唐五代时期，黑釉瓷生产获得了一定的发展，南方地区黑釉瓷生产规模进一步扩大，并扩张到北方地区，但整体上这一时期黑釉瓷器的生产规模并不大，中心产区仍然在德清窑地区。

隋唐时期德清窑窑址数量增加，窑场规模扩大，这也是其历史上规模最大的一个时期。德清窑的生产主要在中唐之前，中唐以后基本停烧。中心窑区在德清的洛舍镇一带，但已遍及整个东苕溪流域。这一时期产品质量较东晋、南朝时期明显下降，产品种类更加单一，造型日趋萎缩，制作相当粗糙。黑釉釉层薄，颜色浅，多呈酱色，不见东晋、南朝时期乌黑如漆的深黑色釉。（彩图二二：2）。

隋唐五代时期南方的窑业中心上林湖越窑几乎纯烧青瓷；瓯窑在晚唐五代时期有一个大的发展，产品与上林湖越窑非常接近，黑釉瓷比东晋、南朝时期数量更少，釉层更薄，釉色更浅，呈青褐色或酱色；金华、衢州一带的婺州窑等则在烧造青瓷的同时兼烧少量的黑釉瓷器，釉亦多薄而呈酱色。

南方这一时期烧制黑釉瓷的重要窑口还有安徽寿州窑与宣州窑。寿州窑创烧于隋代，兴盛于唐代早中期，衰落于唐晚期，早期烧造青瓷，唐代晚期兼烧黑釉瓷器。窑址主要有上窑镇、泉山、外窑村等，产品器形基本相同，主要有碗、罐、执壶等。胎坯较厚重，胎质较粗。釉厚薄不均，厚釉处呈黑色，较薄处呈酱黄色。[1]

此外，湖南的长沙窑与四川的邛窑亦烧造少量的黑釉瓷器，相关内容在

---

[1] 胡悦谦：《谈寿州瓷窑》，《考古》1988 年第 8 期。

《唐代高温加彩瓷窑址考古的新进展》一文中已论及。

21 世纪以来隋唐五代窑址考古工作不少，但主要集中在上林湖越窑、长沙窑与邛窑地区，黑釉瓷窑址的进展并不是很大。

四、宋元时期黑釉瓷窑址考古工作

这一时期的黑釉瓷生产以福建建窑的兴起为代表，一改黑釉瓷只是青、白釉瓷器附属品的格局，成为中国古代制瓷业中的一个重要门类。

1. 福建地区

福建的窑业大约在六朝时期出现，晚唐五代有所发展，宋元时期进入鼎盛，一直持续到明清。宋代以前以青瓷为主；宋元时期窑业面貌复杂，以青瓷、黑瓷、青白瓷为主流，兼烧白瓷、加彩瓷、酱釉瓷等；明清时期则以青花瓷为主。

宋元时期的青瓷、青白瓷、青花瓷多为受浙江、江西两省影响而出现的次一级窑业，而以建窑为核心的黑瓷则是福建具有本土特色的重要窑业，其产品质量高、生产规模大、窑业影响广泛，对中国陶瓷史及中国文化史的发展具有重要的意义。

建窑窑址位于今福建省建阳市水吉镇，废品堆积散布于池中村和后井村周围的芦花坪、大路后门、源头坑、牛皮仑、营长墘（社长埂）、庵尾山（庙尾山）等处山坡上，范围 10 余万平方米（插图一）。20 世纪 50 年代以来，文物工作者对建窑遗址进行了多次调查与发掘，特别是 1960 年、1977 年、1989~1990 年、1991~1992 年先后四次大规模考古发掘，清理了五代至宋的窑址 11 座，出土了大量瓷器以及窑具、工具标本，为研究建窑的烧瓷历史提供了丰富的实物资料。考古发掘所获得的资料证明，建窑创烧于晚唐、五代，北宋晚期至南宋时期为其鼎盛时期，明清时期衰落。其中晚唐五代以烧造青釉瓷器为主，兼烧少量黑釉瓷。北宋晚期，由于斗茶风气的盛行，建窑转为大量生产黑釉瓷，还曾为宫廷烧制斗茶使用的黑釉盏，并于器底刻"进盏""供御"字样。建窑黑釉瓷器形以盏、碗为主，胎体厚重坚致，因胎中含铁量较高而呈灰黑或紫黑色，故又有"铁胎"之称（或名乌泥窑、黑建、乌泥建等）。内满釉，外施釉近底足，足底无釉而露胎。釉色光亮，依据釉面上氧化铁结晶斑的不同，可分为兔毫、油滴、鹧鸪斑、曜变等品种。

插图一 建窑芦花坪窑址的废品堆积

　　武夷山遇林亭窑址位于武夷山市星村镇北遇林亭，为北宋时期窑址，主烧黑釉瓷，兼烧青釉瓷、白瓷和青白瓷。黑瓷产品器形规整，但刮削较为草率，露胎处刀刮痕迹明显；胎多是浅灰胎或灰白胎，少量深灰胎，胎体多较薄；釉层薄，釉色较为光亮，但剥釉较为严重；兔毫纹饰多短粗，出现在口沿部位；少量绘有金银彩，但大多脱落，仅留痕迹。黑釉碗的器形与建窑相类，区别是遇林亭窑址黑釉瓷器的施釉线很不规整，与建窑差距十分明显。金银彩黑釉碗是遇林亭窑址的特色产品。窑址早期堆积中黑釉瓷器较多，有少量的青釉瓷器；晚期堆积中青釉瓷器数量增多，黑釉瓷器数量减少。[1]

　　以上两个窑址的发掘工作均在 20 世纪完成，但相关材料的整理、报告的出版以及研究的深入开展则在 21 世纪。21 世纪以来重要的考古工作主要有闽侯碗窑山与南平茶洋等窑址。

　　碗窑山窑址[2]于 1958 年发现，2010 年进行了抢救性发掘，发掘面积

［1］福建省博物馆：《武夷山遇林亭窑址发掘报告》，《福建文博》2000 年第 2 期。

［2］福建博物院：《闽侯县碗窑山窑址 y2、y3 发掘简报》，《福建文博》2011 年第 4 期；福建博物院：《福建闽侯县碗窑山宋代窑址的发掘》，《考古》2014 年第 2 期。

2500 平方米，发现并清理四座斜坡式龙窑窑炉（分别编号 y1、y2、y3、y4）以及护窑墙和护坡构成的工棚等附属遗迹。产品种类较为单一，主要为黑釉瓷。y1 出土瓷器分黑釉和青白釉两大类，大半为黑釉瓷器，其中窑炉前段多为青釉、青白釉，窑尾黑釉数量增多而青釉、青白釉减少，说明 y1 废弃前同窑烧造黑釉瓷与青白釉瓷。y2、y3、y4 为专烧黑釉瓷的窑炉，y2、y3 产品极为单一，均为束口黑釉碗；y4 产品以束口碗为大宗，也有少量碟等。根据地层叠压关系可知，y1 年代最早，上限约为北宋晚期；y2、y3、y4 年代稍晚，约为南宋时期。不同时代的窑炉产品，反映了由于市场需求，该窑址由兼烧黑釉和青釉、青白釉瓷向专烧黑釉瓷的转变。

碗窑山窑黑釉瓷器均为轮制，器形规整，但刮修不精，器物多矮圈足，挖足浅；胎色以灰色为主，也有一定量的灰黑和灰黄色，胎质致密，均含细砂，胎壁厚薄不一；多数器物均内外施釉，内满釉，外底无釉，釉层以黑色为主，少量酱黑釉和兔毫；器物多素面，不见纹饰。从釉色黑亮、手感厚重等产品特征来看，该窑应是建窑系的重要组成部分，并且处于技术比较成熟的阶段。大致生产年代为北宋晚期至南宋晚期。

此外，福建连江定海"白礁一号"宋代沉船和日本福冈博多遗址所出土的部分黑釉碗与碗窑山窑黑釉碗相同，说明其销售范围可能很广。碗窑山窑址的发现对福建及东南沿海地区宋代窑业技术、丝绸之路及宋代茶文化传播的研究具有重要意义。

南平茶洋窑址[1]位于南平市太平镇茶洋村，于 20 世纪 80 年代调查时发现，分布于大岭干、马坪、生洋、碗厂和安后山等五处地点。1995~1996 年进行抢救性发掘，共揭露窑炉 11 座，根据出土器物判定为宋元时期一处外销瓷窑场。2016 年又进行了系统调查，在马坪、碗厂和安后山三处地点采集了瓷器和窑具标本，大体上明确了茶洋窑的分布范围，丰富了对茶洋窑产品面貌、年代特征等方面的认识。

茶洋窑主要有黑釉、青釉、白釉以及青白釉瓷器。其中黑釉瓷器的器形有碗、碟、盏托、壶、罐、高足杯等；釉色较明亮，但纯正黑釉少见，釉层较厚，

---

[1] 福建省博物馆：《南平茶洋窑址 1995~1996 年度发掘简报》，《福建文博》2000 年第 2 期；张文鉴：《南平茶洋宋元窑址》，《福建文博》2008 年第 1 期；南平市博物馆等：《福建南平市茶洋窑址 2016 年调查简报》，《福建文博》2018 年第 1 期。

施釉多不及底，部分产品近底足处有垂釉现象；圈足足根多不规整，挖足偏草率；装饰上，除素面以外，一部分碗有兔毫纹，刻划、模印等技法亦有运用，少数釉面有细小开片。与建窑黑瓷相比，南平茶洋窑的黑釉瓷器胎多为灰白色、浅灰色，胎质细腻；施釉线普遍不规整，下腹露胎处往往有多道明显的划痕，足与腹相交处切削成直角。该窑址的时代大约在北宋中期至元代，但烧造黑釉瓷器的年代为南宋至元代。

南宋时期福建地区也有一些窑址兼烧黑釉或酱黑釉瓷器，且黑釉瓷器在所有产品中占有一定的比例，如福建德化碗坪仑窑、福建顺昌河垱窑、福建浦城半路窑、福建建瓯小松窑等。21世纪以来经过发掘的主要有长柄窑址[1]、青兰面宋代窑址[2]、坂桥窑址、将乐县碗碟墩一号窑址、松溪县西门窑址[3]。以上发掘和调查为深入研究福建地区制瓷面貌、黑釉瓷的分布范围提供了丰富材料。

2. 江西地区

江西是我国古代黑釉瓷器的重要产区之一，吉州窑、湖田窑、七里镇窑以及宁都山坝、南丰白舍、贵溪坝上、金溪、永丰山口、萍乡南坑诸窑址均兼烧黑釉瓷器。不同窑址地理位置有差别，所使用的瓷土、釉料及烧制工艺等生产条件也不同，使得各窑黑釉瓷器各具特色。其中吉州窑、七里镇窑、湖田窑的产品质量较好，而吉州窑的黑釉瓷最具特色，也最为有名。21世纪经过发掘的主要有吉州窑、七里镇窑、湖田窑相关窑址以及临江窑址、道塘里窑址、凤凰山窑址、丽阳乡元明瓷窑址、铜锣山窑址、山口窑址、渼口窑址等。江西地区黑釉瓷的装饰工艺绚丽多彩，以吉州窑最为丰富，其剪纸贴花及木叶装饰极具地方特色，吉安地区、景德镇地区、赣南地区等较多窑口的装饰都或多或少受到吉州窑的影响。

吉州窑位于吉安市吉安县永和镇，又称永和窑、东昌窑，创烧于晚唐五代，发展于北宋，南宋繁荣，元末衰落。南宋时期，由于饮茶和斗茶之风的盛行，吉州窑的黑釉瓷生产达到了顶峰，成为黑釉瓷生产中心之一。吉州窑瓷器产

---

[1] 黄荣春：《福州市郊区文物志》，福建人民出版社，2009年；福州市文物考古工作队：《福州长柄窑遗址考古收获和认识》，《福建文博》2005年增刊。

[2] 郑辉等：《福建柘荣县青兰面宋代窑址》，《福建文博》2005年第1期。

[3] 羊泽林等：《福建松溪县西门窑发掘收获》，《东方博物·第六十四辑》，中国书店，2017年。

品种类繁多，风格多样，器类有碗、盏、盏托、碟、钵、盆、罐、梅瓶、执壶、炉、漏斗、扑满、粉盒、腰鼓等。吉州窑黑釉瓷器多重釉轻胎，胎质较粗松厚实，呈灰白或米黄色，含细砂粒。为了掩盖胎的不足，常以丰富的釉面装饰取胜，如剪纸贴花、木叶纹、鹧鸪斑、玳瑁斑、虎皮纹、兔毫、剔花加彩、釉上彩绘等，其中木叶纹和剪纸贴花最具特色，产品具有浓厚的地方风格。

2006 年，江西省文物考古研究所采用航空遥感技术对吉州窑遗址进行了考古探查和试掘；2008 年，为配合永和堤除险加固工程的建设，江西省文物考古研究所等单位对永和改线段工程所涉及的吉州窑遗址外围边缘进行了考古发掘；2012 年，江西省文物考古研究所等单位分别对吉州窑遗址中的老陶瓷厂遗址、尹家岭遗址进行了考古发掘，同年对东昌路改造工程路段进行了抢救性考古发掘。以上发掘共揭露面积 3000 余平方米，揭示龙窑、素烧窑、马蹄窑、辘轳车基座、釉缸、路面、排水沟等多处遗迹，出土了大量青釉、青白釉、白釉、绿釉、黑釉、彩绘和瓷塑等产品和部分窑具，进一步探明了吉州窑遗址的分布范围和文化内涵，为研究吉州窑制瓷手工业以及永和古镇的布局提供了新资料，也为吉州窑瓷器发展史的分期断代奠定了基础。尤其是晚唐五代早期青釉、北宋青白釉瓷器标本的出土，有助于研究吉州窑早期历史及其时代分期。[1]

2016 年，因当地新农村建设，在吉州窑窑门岭窑址堆积东南发现一处窑业遗存。出土瓷器的釉色较为丰富，有青白釉、白釉、酱黑釉、绿釉、黄釉、龙泉青釉等，器物造型多样，以日常生活用器碗、盏、碟、枕等为大宗。从产品的釉色品种、器类组合，器物的造型、装饰、烧造特征分析，该窑场是一处北宋中晚期以烧造青白釉和绿釉瓷器为主的综合性窑场。鉴于吉州窑是宋元时期以烧造黑釉和彩绘瓷为主的综合性窑场，该遗存的发现，尤其是早期青白釉和绿釉瓷的发现，丰富了吉州窑的产品内涵，对研究吉州窑的发展史有重要价值。[2]

湖田窑位于江西省景德镇市东南的竟成乡湖田村，因生产青白瓷而闻名，历年来的调查和发掘中也不断发现有黑釉瓷产品。

---

[1] 张文江等：《吉州窑遗址近几年考古调查发掘的主要收获》，《中国国家博物馆馆刊》2014 年第 6 期。
[2] 江西省文物考古研究院：《吉安县窑门岭南侧吉州窑遗址调查简报》，《中国国家博物馆馆刊》2018 年第 6 期。

1999 年，为配合基本建设，江西省文物考古研究所、景德镇陶瓷历史博物馆先后两次对湖田窑址进行了抢救性发掘，清理了窑炉、房基、炼泥池、水井、灰坑等遗迹，获得了一批宋、元、明时期的青白瓷、卵白釉瓷、黑釉瓷及青花瓷器。其中在对龙头山窑包堆积进行局部抢救清理时发现了黑釉瓷器堆积，大多粘连窑渣和匣钵，胎质普遍粗松，胎色或白或灰；釉层较薄，少见釉色漆亮者；釉面基本无装饰，偶见梅花点形浅黄色油滴。黑釉瓷器器形较单一，以高足杯和浅盏最多，盏类器物除单件垫饼支烧外，还见盏心涩圈一周叠烧十余件和芒口覆烧的。枢府瓷的发现说明该窑址既生产普通的民用瓷，又生产贡于朝廷的高档瓷。[1]

有学者分别从理化测试和考古学角度出发，证明了湖田窑宋代、元代堆积层出土的黑釉瓷中既有来自吉州窑和建窑的产品，也有部分吸收模仿吉州窑和建窑工艺的本地产品，为当时各窑烧制工艺的交流提供了证据。[2]

2002~2003 年，江西省文物考古研究所对湖田窑址最北侧的南河南岸窑址进行了发掘。地表遗留及历次发掘资料显示，南河南岸主要为元明时期窑业区，是湖田窑最重要的原料、产品进出口集散地，发掘资料反映了其从元代青花和釉里红瓷器的创烧到明代青花的发展及其逐步衰落的全过程。发掘出土了大量元明时期遗物，揭示出多组元明时期作坊遗迹群、窑炉遗迹及码头护坡。其中黑釉器主要出土于 H1，器形以高足杯为主，也有盏、碗、罐、碟等。胎较粗松，普遍呈灰黑色。黑釉釉层较薄，釉色较淡，多为泛哑光的漆黑色或有缩釉现象的酱褐色。素面为主，少量盏内壁饰兔毫纹或釉上用乳白釉点饰梅花状纹样。碗、盏类器物多内满釉、外施釉不及底。采用涩圈叠烧法烧造，内底心常见一圆环状露胎痕。[3]

3. 四川、重庆地区

由于巴蜀地区地理位置特殊又有丰富的煤炭资源，故其窑业面貌表现出一定的独特性。窑炉普遍为具有北方特色的馒头窑，而非南方地区常见的龙窑。

[1] 江西省文物考古研究所等：《江西湖田窑址 H 区发掘简报》，《考古》2000 年第 12 期；江西省文物考古研究所等：《景德镇湖田窑 H 区附属主干道发掘简报》，《文物》2001 年第 2 期。

[2] 吴瑞等：《湖田窑出土黑釉瓷的产地研究》，《中国陶瓷》2005 年第 2 期；肖发标：《试论湖田窑出土的黑釉瓷》，《上海文博论丛》2007 年第 1 期。

[3] 徐长青等：《湖田窑考古新收获》，《故宫博物院院刊》2004 年第 2 期。

产品既有仿建窑风格的，又有与耀州窑造型风格一脉相承的，还有以辐射状菊花瓣纹为代表的具有本地特色的。

涂山窑创烧于北宋晚期、盛于南宋、衰于元，以黑釉瓷器为主要产品，是古代中国西南地区较有代表性的仿建窑系民间瓷窑。窑址位于重庆黄桷垭镇南山与涂山之间的山谷地带，分布有大小窑场 12 处。以涂山窑为代表，重庆境内黑釉瓷器窑场广布，辐射范围涉及巴南清溪、荣昌瓷窑铺、合川炉堆子、涪陵蔺市等地，可以统称为"建窑系涂山窑类型"。

重庆市博物馆、重庆市文物考古所分别于 1982~1988 年、2003~2005 年完成了对涂山窑小湾、酱园、庙岗等窑址的发掘和资料整理工作。两次发掘出土的瓷器主要是黑釉瓷，其次是白瓷和少量青白瓷，以及内青外黑的双色釉瓷。器形以碗、盏为主，其次是罐、壶、盘、碟、瓶、灯碟、香炉、盏托、小瓷塑等。黑瓷釉色有黑色、黑褐、酱色、柿色等，其中少量印花酱釉瓷与宋代耀州窑青瓷的印花装饰极为相似。黑釉碗、盏多为仿建窑风格，碗多较粗，在下腹与圈足相接处平整切削一刀；盏多较精，敞口微敛，斜弧壁，饼足或浅圈足，胎质白细、釉面光亮，内满釉，外足端无釉。涂山窑瓷土颜色较白，早期常在胎体上加施铁红或深灰色釉，使釉色更加深重；后期开始烧造玳瑁、兔毫、油滴、曜变、放射状花瓣纹、虹彩等窑变纹。涂山窑的窑炉主要是石结构的半倒焰式馒头窑，在发掘过程中发现地层中堆积了大量的炭渣，确认是以煤为燃料。[1]其中 2003 年抢救性发掘的酱园窑清理了建筑遗迹 1 处、窑炉 17 座以及灰坑、堆煤场若干处，是重庆涂山窑目前发掘面积最大、清理窑炉最多、窑炉形制最丰富、时代跨度最大的一处窑场。[2]

金凤窑位于成都都江堰市蒲阳镇金凤村，是宋元时期一处以烧造民间日用器为主的地方民窑。1999 年末至 2000 年上半年，成都市文物考古研究所在配合四川省都江堰市拉法基水泥厂建设中发现并发掘该窑址。探明金凤窑共有窑炉 33 座、作坊区 10 处、废品堆积场 6 处，其中馒头窑 32 座、龙窑 1 座，在作坊区内发现房址、瓷土坑、瓷土堆、淘洗池、沉淀池、排水沟、车坑、釉料池、釉缸以及晾晒瓷坯的场所等遗迹，完整地反映了金凤窑制作瓷器的

---

[1] 重庆市博物馆：《重庆市涂山宋代瓷窑试掘报告》，《考古》1986 年第 10 期；重庆市文物考古所：《重庆涂山窑》，科学出版社，2006 年。
[2] 重庆市文物考古所：《重庆涂山窑——酱园窑址发掘简报》，《江汉考古》2007 年第 1 期。

工艺流程。其产品主要分为白瓷和黑瓷两大类，器形以碗、盏、瓶和三足香炉、尊为主，多为砂质胎，胎色偏灰。金凤窑在窑炉技术和产品风格上同时受到了同时期北方和南方名窑的影响，窑炉与北方的耀州窑、磁州窑等十分接近。早期以生产仿定窑的白瓷为主；繁荣期则以生产黑釉盏为主，盏的造型和纹饰与南方的建窑产品有密切的关系，除兔毫纹、油滴纹以外，放射状的花瓣纹盏、酱彩斑纹、戳印纹等纹饰极具当地特色。[1]此外，1994 年发现并抢救性发掘、2001 年发表简报的瓦岗坝窑也位于都江堰市金凤乡，产品特征与金凤窑大致相同。[2]

　　广元瓷窑铺窑址始烧于五代、兴盛于两宋、衰于元，是一处以烧造日用器为主的地方性民窑。窑址位于四川广元市瓷窑铺嘉陵江右岸的一级台地上，1953 年为配合宝成铁路建设而在铁路沿线进行文物考古调查时发现并定名为"广元窑"。1995 年为配合基本建设重新调查，1996 年抢救性发掘，发掘材料于 2003 年发表。发掘面积约 305 平方米，清理出马蹄形窑炉 3 座、作坊 1 处，出土了大量产品和窑具。广元窑以烧黑釉瓷为主，兼烧青瓷与低温黄绿釉瓷。产品以日常生活实用器为主，器类丰富，包括碗、罐、碟、盘、壶、盏、盏托等。胎骨厚重粗糙，胎色以灰白色为主，另有灰黑色、黄白色。除精品器物如壶、瓶、炉等器物挂满釉外，大部分器物施半釉。釉下多施白色化妆土。器物大部分采用匣钵装烧。瓷盏模仿建窑，在圈足外底加一层含铁较多的乌泥黑，并有窑变产生的兔毫、油滴、玳瑁、鹧鸪等现象。其产品风格除受建窑影响外，应该还与涂山窑、吉州窑、耀州窑、邛窑以及河南禹县扒村窑有一定的关系。从广元窑的制瓷业发展过程中，可以清晰地观察到其与周边窑口文化交流融合的历史事实。广元窑在不断学习吸取其他窑口制瓷工艺特色的同时形成了自己独特的风格，是宋代四川黑釉瓷窑口的典型代表。[3]

　　除上述窑址外，21 世纪以来四川地区发现、发掘或发表有相关资料的生

[1] 成都市文物考古研究所等：《都江堰市金凤窑址发掘简报》，《文物》2002 年第 2 期。

[2] 成都市文物考古研究所等：《都江堰市金凤乡瓦岗坝窑发掘报告》，见《成都考古发现（2001）》，科学出版社，2003 年。

[3] 四川省文物考古研究所等：《广元市瓷窑铺窑址发掘简报》，《四川文物》2003 年第 3 期。

产黑釉瓷的窑址还有眉山坛罐窑址[1]、都江堰玉堂窑[2]、琉璃厂窑[3]、瓷碗铺瓷窑[4]等窑址。由于这些窑址所出黑釉瓷器数量少，产品面貌又大致与涂山窑、广元磁窑铺窑相同，故不再论述。

4. 浙江地区

杭州南宋官窑博物馆的方忆曾对宋元时期浙江地区的黑瓷生产及其相关问题进行过探讨。据其所述，目前在浙江地区发现的宋元时期窑址大都只少量烧制黑瓷，且多与青白瓷或青瓷同烧，其分布也是零散、不成气候的，黑釉瓷是受福建、江西等窑口影响而派生出的小众产品。归根到底，这一局面的形成与浙江传统且发达的青瓷制造业有关。[5]

宋元时期浙江的黑釉瓷窑业主要是受福建建窑的影响而出现，因此以建窑所在的闽北为中心，向北依次可划分成三个层级。

第一层级主要集中在紧邻福建的庆元县境内，产品面貌与建窑基本一致，纯烧建盏系列的黑釉瓷器，窑址数量不多，包括潘里垄、黄田等窑址。

潘里垄 2 号窑址于 2011 年 9~12 月进行了考古发掘[6]，清理出龙窑窑炉1 条，出土大量瓷器和窑具。产品以黑胎黑釉瓷盏为主（彩图二二：3、4），兼有少量擂钵、执壶、罐、盆、缸、青瓷碗等。窑具有漏斗状匣钵、M 形匣钵、圆形泥垫饼、手捏泥支具、柱形垫圈等。其中黑釉茶盏束口较直，尖圆唇，弧腹壁内收，浅挖小圈足；胎骨紧密，基本呈黑色或灰黑色；施黑褐釉，内满釉，外施釉不及底，具有典型的建盏风格。发掘者对窑址的时代、产品用途进行了考论，认为这是一处以烧制建窑系黑釉瓷茶盏为主、兼烧相关茶器的南宋窑址。

[1] 成都中医药大学医史博物馆：《四川青神县坛罐窑调查》，《四川文物》2009 年第 2 期。
[2] 成都文物考古研究所等：《2007 年玉堂窑遗址调查报告》，见《成都考古发现（2007 年）》，科学出版社，2008 年；成都文物考古研究所等：《2007 年玉堂窑遗址六号窑包试掘简报》，见《成都考古发现（2007 年）》，科学出版社，2008 年；成都文物考古研究所等：《2007 年四川都江堰玉堂窑遗址 17号窑包试掘简报》，见《南方民族考古·第六辑》，科学出版社，2010 年；成都文物考古研究所等：《都江堰市玉堂窑遗址马家窑包（6 号）2013 年试掘简报》，见《成都考古发现（2012）》，科学出版社，2015 年。
[3] 成都文物考古研究所：《成都市琉璃厂古窑址 2010 年试掘报告》，见《成都考古发现（2010 年）》，科学出版社，2014 年。
[4] 四川省文物考古研究院等：《四川达州市通川区瓷碗铺瓷窑遗址发掘简报》，《四川文物》2005 年第 4 期。
[5] 方忆：《宋元时期浙江地区的黑瓷生产及其相关问题初探》，《东方博物·第五十三辑》，中国书店，2014 年。
[6] 刘建安：《庆元县潘里垄宋代窑址出土茶器考论》，《东方博物·第四十八辑》，浙江大学出版社，2013 年。

第二层级主要集中在庆元北边的龙泉东区，南至庆元竹口镇，包括潘里垄 1 号窑址；北到武义一带。产品以青瓷为主，兼烧少量的黑釉瓷器。黑釉器物与第一层级类似，主要是建窑系茶盏，胎釉特征、器形与建窑的产品非常接近（彩图二二：5）。

以上两个层级的时代主要是南宋时期。

第三层级则为更北、更西的金（华）衢（州）到杭州西边的临安一带，时代为南宋至元代，以烧造青瓷、青白瓷或乳浊釉瓷器为主，兼烧少量的黑釉瓷器。器形以束口盏为主，总体上胎体较薄，釉层薄而釉色较浅，呈黑褐色或酱褐色等诸多颜色（彩图二二：6），在口沿上以一圈白釉作为装饰。这一层级的典型窑址包括临安的天目窑与 2006 年发掘的江山应家山窑址等。

临安天目窑址[1]于 1982 年发现，青白瓷与黑釉瓷同窑合烧，时代为宋元时期。2013 年对天目溪上游东关溪和丰陵溪沿线的 33 处瓷窑址进行了复查和系统调查。天目窑在大量烧制青瓷的同时兼烧黑釉瓷和酱褐釉瓷器，形成了青瓷与黑釉瓷、酱褐釉瓷同窑合烧的特色。其中黑釉瓷器物类型以盏（彩图二二：7）、碗为主，还有少量盒、壶、碟等，胎质坚致，胎色多呈乳白，少量为灰色。

江山应家山窑址于 2006 年进行正式发掘，清理了分室龙窑、灰坑等遗迹，出土大量的瓷器、窑具标本。产品以青瓷、乳浊釉瓷器为主，兼烧黑釉、酱釉瓷器以及极少量的龙泉窑瓷器。黑釉与酱釉瓷器以盏、碗为主，釉层普遍较薄。

除以上生产建窑系黑釉瓷器的窑址外，浙江地区还有少量其他兼烧黑釉瓷的窑址，这类窑址的产品一般器形单一、质量较粗，主要供应周边市场，典型的有乐清与永嘉交界的一系列窑址群。如 2005 年发掘的乐清大坟庵窑址，时代为南宋时期，主要生产酱黑釉瓷、青瓷和褐彩青瓷，器类主要有壶、罐、碗、钵、小盏、器盖、灯具等，器物为明火叠烧。

（本文与郝雪琳合写，原刊于《文物天地》2019 年第 9 期）

---

[1] 杭州市文物考古研究所：《杭州市临安天目窑址 2013 年度考古调查简报》，《东方博物·第五十三辑》，中国书店，2014 年。

北方地区黑釉瓷窑址考古新进展

　　北方地区从北朝时已开始生产黑釉瓷器，唐代烧造黑釉瓷的窑场主要集中在陕西、河南、山东地区；入宋以后，受斗茶风气的影响和对建盏的推崇，河南、河北、山西、陕西、山东等地的老窑利用烧制黑釉瓷的经验和优势开始大量烧造仿建窑产品。此时的产品既有仿建窑的油滴、兔毫纹、玳瑁、虎皮斑等窑变釉，也有黑釉剔花、铁锈花、白覆轮、黑釉凸线等北方传统特色装饰。此外，宁夏地区由于统治者的审美要求，也出现了模仿磁州窑黑釉剔花工艺的瓷窑。

　　从整体上看宋金时期北方地区的黑釉瓷生产：河北地区以定窑精品黑瓷为特色，品种单一，纯黑釉为主，仅见少量的结晶釉、黑釉酱彩、凸线纹等装饰。山西地区的黑釉瓷面貌丰富且复杂，兴盛于金代，结晶、酱彩和剔花工艺别具特色。中原地区为烧造磁州窑类型黑釉瓷的主要区域，北宋后期发展至鼎盛阶段，结晶、酱斑、剔刻花、复合釉等流行，仿定黑釉瓷多有烧造，金代中后期有衰落之势，多见黑釉凸线纹产品。陕西地区的黑釉瓷生产呈现相对独立的面貌，产品品种、器类组合和造型特征多有独特的风格，北宋中后期兴盛，多见酱彩、结晶等装饰，金代产品单一简单。[1]

一、陕西地区

　　耀州窑唐代创烧于黄堡镇，五代成熟，宋代鼎盛繁荣，金代延续发展，金末蒙元日渐衰落，明中期以后逐渐停烧。唐代耀州窑先烧黑、白、茶叶末

---

[1]龙霄飞、阎国藩：《中国古代黑釉瓷发展阶段述议》，《首都博物馆丛刊·第12辑》，地质出版社，1998年。

釉和唐三彩、低温单彩器等，后又烧黄褐釉瓷和青瓷，水平逐步提高。入宋以后，青瓷生产占据主流，兼烧少量黑釉瓷器，以纯黑釉为主，也有黑釉酱彩、结晶釉装饰，胎色白中泛黄，细腻致密，多采用匣钵正烧。金元时期黑釉瓷器产量再次上升，胎色黄白中带棕红，致密度变差，多采用涩圈叠烧。从历史渊源、窑炉形制、装饰工艺、产品特征等来看，其烧造技术随着金人入侵、北人南迁而传入巴蜀地区，对重庆涂山窑和四川广元窑产生了较大影响。

2002~2005 年，耀州窑博物馆、陕西省考古研究所和铜川市考古所联合组成陈炉考古队，对耀州窑陈炉地区的立地坡、上店、陈炉三大窑场展开了全面的考古调查与试掘工作。[1] 2008 年，耀州窑博物馆、铜川市考古研究所联合对陈炉地区的窑址进行了重点调查和局部解剖，发现了金、元、明、清及民国时期烧瓷窑炉 40 余座、作坊遗址和各时代典型文化堆积面 20 多处，采集和出土了包括黑釉瓷器在内的大量瓷器标本。[2]

21 世纪以来陕西省另外一项比较重要的黑釉瓷窑址考古工作是澄城尧头窑址群的发现。澄城尧头窑址群[3]位于陕西省澄城、蒲城、白水三县交界处，以黑釉剔花工艺与粗犷大气的器形而闻名。瓷器生产最迟从元代开始，明中晚期到清中期发展到鼎盛，民国后期因战乱而逐渐衰落。现存窑炉均为半倒焰式馒头窑，以煤为燃料。产品以日常生活用品为主，器类有碗、盘等小型器和黑釉缸、罐、大盆等大型器。产品以黑瓷最多，因釉色乌黑明亮，故有"黑珍珠"之称。除黑瓷外，还有茶叶末瓷、白瓷、青瓷以及白釉赭花、白釉黑花、青花瓷等。装饰手法有剔花、印花、釉上釉下绘花等工艺。

2001 年，陕西省考古研究院禚振西、杜文等同志在陕西东部洛河流域进行窑业考察时发现尧头窑遗址并对其进行了试掘，之后又撰文介绍了尧头窑发展史和其制瓷工艺。2012 年，陕西省考古研究院对尧头窑遗址进行了普查，发现地面可见的窑炉 130 余座、作坊 60 余座以及祠庙、民居、道路、古矿洞等遗迹，丰富了以往的认识，对窑址区总体的分布范围也有了较清楚的界定。

[1] 耀州窑博物馆等：《立地坡·上店耀州窑址》，三秦出版社，2004 年。
[2] 《耀州窑"陈炉窑址"考古调查取得重要成果》，《收藏》2008 年第 5 期。
[3] 杜文、禚振西：《新发现的陕西澄城窑及其烧瓷产品》，《文博》2006 年第 2 期；杜文：《澄城窑明清青瓷产品及初步探讨》，《考古与文物》2008 年第 1 期；王小蒙、于春雷：《古澂名邑：渭北尧头窑及其陶瓷产品》，《收藏》2017 年第 8 期；王樱：《瓷中"黑珍珠"澄城尧头窑黑釉瓷》，《收藏》2015 年第 19 期。

2016 年，尧头窑遗址考古队首次对尧头窑遗址进行正式的考古发掘，发掘面积 1000 平方米，勘探面积 10000 平方米，揭露窑炉遗迹 6 处、澄泥池遗迹 1 处、其他遗迹 4 处，出土大量窑具和瓷器产品。出土器物显示，尧头窑的技术革新主要反映在窑具的变化上，即早期以 M 形匣钵为代表（产品几乎均为黑釉涩圈碗），中期以支柱和搁板为代表，晚期以筒形匣钵为代表。

二、山西地区

　　山西地区的早期窑业可追溯至唐代，这一时期虽然窑址数量少、规模小，但其产品中黑釉瓷器已占据一定的比例。宋辽金时期浑源窑、河津窑、平定窑、交城窑等系列窑场出现，山西窑业规模持续扩大，黑釉瓷器无论是数量还是质量都大为提高。烧造黑釉瓷器的窑口以山西北部大同青瓷（磁）窑址、大瓷窑窑址、朔州下磨石沟窑址、怀仁鹅毛口窑址、小峪窑址、朔州交城瓷窑头窑址等为主，晋中的平定窑、介休窑、霍州窑、榆次窑、盂县窑，晋南的平阳窑和晋东南的长治窑等也兼烧黑瓷，以交城瓷窑头窑址烧造的黑釉花瓷器和平定窑烧造的黑釉刻花瓷器最具特色。宋辽金元时期山西地区窑业烧造技术日益成熟，其黑釉产品无论器形还是装饰都更加丰富，如器形上新增适合契丹人游牧射猎、逐水草而居生活的鸡腿瓶，装饰上则以黑釉剔花、划花、印花、铁锈花、窑变（油滴釉、兔毫纹）、白覆轮、黑釉凸线（粉杠瓷）等为代表。从胎釉上看，山西地区黑釉窑变瓷器多为灰胎或土黄胎，胎质较粗疏，釉薄亮黑，与胎质坚硬、胎色赤黑、釉厚漆黑的福建建窑存在显著区别。[1]

1. 平阳窑

　　为宋金元时期的窑址，位于山西南部临汾市尧都区西部的龙祠、峪里一带。2003 年，山西省考古研究所对龙祠进行了详细调查和试掘，取得了较大的收获。调查采集标本有黑瓷、白瓷以及钧釉、酱釉、茶叶末釉、青黄釉等器物，以白瓷、黑瓷为主，碗、盘、罐、瓶、枕、杯、钵、盂、壶等器形多见。白瓷多为粗胎，施化妆土，釉泛黄，细胎白瓷发现较少，从特征看与霍州窑产品较为接近。黑瓷胎质略粗，多呈黄白色；器内多满釉，部分有刮釉涩圈，器外施釉多不

---

[1] 王轶鸿：《山西黑釉瓷概述》，《文物世界》2010 年第 6 期。

及底，釉色漆黑或黑中泛蓝；铁锈斑、白覆轮、窑变油滴为主要装饰。有的器物外黑内白，器内画黑色或酱色花，美观大方。其中黑釉直口碗较为讲究，有的在半釉以下再刷酱釉，器足修削较整并不规则点刷酱釉，足底多有鸡心点。[1]

2. 浑源窑

位于山西大同市浑源县城以南约8千米，地域上从大瓷窑窑址、青瓷（磁）窑窑址、界庄到古瓷窑窑址，绵延5千米。20世纪50年代以来先后有国内外古陶瓷专家到浑源窑考察。1997年，山西省考古研究院重新对浑源窑进行调查并首次进行了发掘，证明浑源窑从唐代到元代一直有烧造。1999年对窑址进行正式发掘，发掘面积约500平方米，发现窑炉6处、作坊2处，出土大量匣钵、窑柱、垫饼、模范和陶瓷标本。[2]虽然相关的考古工作主要集中在20世纪，但资料的发表都在2000年以后。

界庄窑址位于浑源县城东南青磁窑镇界庄村西南一个叫大水床的山坳中，北距古磁窑3千米，西距青瓷（磁）窑2.5千米（插图一）。1997年调查和

插图一　界庄窑址

[1]孟耀虎：《山西平阳古瓷窑调查》，《考古与文物》2005年第3期。
[2]任志录：《山西浑源窑的考古成就》，《文物世界》2000年第4期。

试掘所得瓷器标本的釉色有青、白、黑、三彩四种，其中黑瓷约占三分之一，又可分为纯黑、黑中泛黄、黑中泛紫、酱色和黑色相融杂等几种（彩图二三：1、2）。器形有碗、钵、盆、盏、瓶、罐、执壶、盂、盘等，以生活用具为主。碗多在足心施釉，胎体均显厚重。碗、盆类器物部分为外黑内白。器物底和足均较低矮，足底外侧多斜削。此外还发现有三彩器残片和带有三彩釉的三叉支具、绞胎器物以及绞胎器和三彩器相粘连的器物。从出土器物的特征分析，其时代应在中唐后期至晚唐前期。[1]

青瓷（磁）窑窑址烧瓷地点有两处，分别是现青磁窑村及其西部的瓦窑沟，前者破坏较严重。现存窑址区位于十里河北面的台地上，台地被自北而南的一条沟壑分割开，遗物多集中在沟壑的西侧。除了20世纪90年代的调查和发掘外，山西文物工作者与日本学者先后于2005年和2006年联合对青瓷（磁）窑窑址进行了调查。采集标本以黑釉器物为主，也有不少茶叶末釉器物，少量白瓷，不见青瓷器物。黑釉器物以生活用品为主，有瓶（矮梅瓶、鸡腿瓶、象腿瓶）、盆、罐、碗、体、熏、洗等；胎体基本一致，呈灰白色，夹杂黑色斑点和小石粒，小部分胎质略细腻；釉色除乌黑一类外还有黑中泛紫，釉光较好，玻璃质感强。口唇部刮釉现象普遍，显然和烧造工艺有关。采集的窑具有"工"字形和钵形两种，均为黄白色粗胎。烧造年代大体在13世纪初期至14世纪早期。[2]

3. 介休城古瓷窑址

2004年，山西省介休市老城改造工程中于城南街发现古瓷窑址，出土大量瓷片和窑具，但未见窑炉。采集标本以白瓷为主，也有黑瓷和少量红绿彩器物。黑釉器物有罐、盆、碗等，黄白胎或黄灰胎，釉色乌黑光亮，质量较好。如油滴釉碗，唇口呈酱色，因烧成气氛过高，油滴作不规则状析出。烧造工艺上采用了类似霍州窑和介休窑的支钉支烧，但支钉较粗且不规矩，有支钉数3~7个不等。介休城古瓷窑遗物特征明确，时代当在金代晚器至元代晚期。

介休窑（洪山村）是宋金时期山西中部地区烧造水平和产品质量较高的瓷窑，元明清继续烧造，但元代迅速衰落，这虽然和北方瓷业因战乱而整体

---

[1] 山西省考古研究所：《山西浑源县界庄唐代瓷窑》，《考古》2002年第4期。
[2] 孟耀虎：《大同青瓷窑调查报告》，《三晋考古·第三辑》，山西人民出版社，2006年。

衰落有关，但可能也和烧造中心的转移有关。与介休洪山窑金代晚期烧造的器物相比，介休城古瓷窑址烧造的器物明显更粗，时代也应在洪山窑衰落以后，其烧造技术可能更多地来源于洪山窑。[1]

三、河南地区

1949 年以前，日本人小山富士夫曾将在焦作市李封村一带收集的一批黑釉瓷（纯色、油滴、白覆轮、兔毫、玳瑁斑）统称为"河南天目"。根据考古调查和发掘资料可知，豫北的安阳、鹤壁、焦作、修武当阳峪，豫西的新安、宜阳、巩义、密县、登封，豫西南的内乡、郏县、鲁山、宝丰和禹县等地的窑址均发现或出土过黑釉瓷。[2]产品除纯黑釉外，还有油滴、白覆轮、兔毫、玳瑁斑、剔刻花等多种装饰，以鲁山段店窑的黑釉花瓷腰鼓最具特色。

河南地区目前发现专烧黑釉瓷的窑址较少，大多是和白釉或青釉瓷一同烧造，或是仅在某一时期烧造。21 世纪以来，经过发掘的烧黑釉瓷的窑址主要有神垕镇的下白峪、建业钧都新天地，巩义地区的白河、黄冶，以及内乡邓窑和南召杜窑台等窑址。

下白峪窑址位于河南省禹州市神垕镇，发现于 1977 年，但长期以来未对其进行科学发掘。2001 年 11 月，北京大学中国考古研究中心、河南省文物考古研究所联合对该窑址进行了考古发掘，发掘面积 145 平方米，清理了一座残窑炉和一处窑前作坊遗迹，出土了大量瓷器和窑具标本。发掘资料表明，下白峪窑是以生产质量较差的黑釉和青黄釉瓷器为主的唐代窑场，花釉腰鼓等器物是该窑场的精品。下白峪这样的窑场在晚唐时期广泛出现，是瓷器从主要面向上层贵族转变为广大民众普遍使用的日用器具的重要体现。[3]

2013 年，河南省文物考古研究院对禹州市神垕镇建业"钧都新天地"商业开发项目所涉及的窑址进行了抢救性发掘，发掘面积 2120 平方米，发现窑炉 18 座、作坊遗迹 3 处、灰坑 126 个、澄泥池 13 个、灶 18 个、灰沟 3 条、

[1] 孟耀虎：《介休市南街古瓷窑》，《文物世界》2004 年第 6 期。

[2] 王晓：《河南唐宋瓷窑遗址的发现与研究》，《中原文物》1990 年第 4 期。

[3] 北京大学中国考古学研究中心、河南省文物考古研究所：《河南省禹州市神垕镇下白峪窑址发掘简报》，《文物》2005 年第 5 期。

墓葬 1 座，出土完整和可复原器物 800 余件。瓷器以白地黑花瓷占绝大多数，钧瓷、白瓷、黑瓷等也有一定数量。器形有金代的天蓝红斑钧瓷盘、黑瓷鸡心碗、白瓷碗，也有元代的素烧碗、黑瓷盏、白釉褐彩盆，还有明代的白地黑花罐和白地黑花点彩碗等。[1]

神垕镇位于河南禹、郑、汝三县市交界处，自唐代以来逐步兴盛，宋金时发展成北方制瓷中心之一。以上两处窑址的发现和发掘，为研究神垕镇的窑业发展史提供了丰富的材料。

巩义白河窑址：郑州市文物考古研究所、巩义市文物保护管理所和河南省文物考古研究所、中国文化遗产研究院分别对白河窑址进行了调查和发掘。该窑址在唐代曾较大规模生产黑釉器，器类有圈足碗、瓶、罐、壶、盏、盘、注子等。多系明火裸烧，不用匣钵。由于窑室内温度高低不同，故烧成的器物釉色也深浅不同。还发现有内白釉外黑釉的碗。[2]

巩义黄冶窑址：2002~2004 年，河南省文物考古研究所、中国文物研究所等单位联合对巩义市黄冶窑址进行了四次发掘，发掘面积 2429 平方米，发现窑炉 10 座、作坊 5 处和淘洗池、澄泥池等遗迹，出土了大量瓷器标本，为了解黄冶窑的文化面貌提供了丰富的实物资料。[3]2015~2016 年，为配合巩义市农村骨干路网建设项目扩建工程，河南省文物考古研究院对建设项目涉及的巩义黄冶窑窑址进行了抢救性发掘，发掘面积 5000 余平方米。[4]从出土遗物看，黄冶窑唐代早期以白釉、黑釉瓷为大宗，唐代中期黑釉瓷衰落。除黑釉瓷不施化妆土外，绝大多数器物素烧前施一层较厚的化妆土。

内乡邓窑：2003 年，在与白杨村大窑店同处一道山冲的彭营村新寨和上庄村发现两处窑址，出土碗、盘、盏等瓷片，器形、釉色与大窑店出土的完全一样，推测可能是邓窑的早期窑址。在紧邻土槽沟的一块高台地上发现了大量黑瓷片，多为唐代瓷钵及罐的残片。从调查情况看，内乡邓窑唐代主要

[1] 方燕明：《2013 年度河南省五大考古新发现》，《华夏考古》2014 年第 2 期。

[2] 郑州市文物考古研究所、巩义市文物保护管理所：《河南巩义市白河瓷窑遗址调查》，《华夏考古》2001 年第 4 期；河南省文物考古研究所、中国文化遗产研究院：《河南巩义市白河窑遗址发掘简报》，《华夏考古》2011 年第 1 期。

[3] 河南省文物考古研究所、中国文物研究所：《河南巩义市黄冶窑址发掘简报》，《华夏考古》2007 年第 4 期。

[4] 孙新民：《2010 年~2016 年河南陶瓷考古的新进展》，《中原文物》2017 年第 3 期。

烧黑釉、青釉和花色釉瓷器，黑釉瓷器有平底碗、壶、罐、瓶、钵等，青瓷有炉、罐等，花色釉瓷有瓶、执壶及罐等；宋金元时期主要烧造印花、刻划花青瓷和素面青瓷，亦烧白瓷、黑瓷、三彩器等。[1]

南召杜窑台窑址：2008 年，南阳市博物馆对南召县杜窑台村古瓷窑遗址进行了初步调查，采集了一批器物标本，确认了窑址位置，为进一步了解南阳地区古陶瓷提供了十分重要的新资料。该窑始烧于金元时期，元代为鼎盛期，未见明代器物，至清末民国时期复烧，中华人民共和国成立初期仍在烧造，延续时间较长。以烧造民间生活用品为主，有碗、罐、灯、器座等，以碗、罐类器物居多。主要烧黑釉瓷，兼烧酱釉、棕红釉、青釉和白釉瓷等。黑釉、青釉釉色明亮，气泡稀少，无积釉现象。普遍不施化妆土，直接在器物上施釉。胎土杂质较少，胎色较浅，大多为灰白色胎。器物制作不够精细，修胎不够规整。碗类器物多采用刮圈叠烧，器壁较厚，外壁施釉均不到底，圈足无釉，器壁与圈足相交处皆刮削一周。[2]窑具有匣钵、转轮、支具、窑柱等。

四、河北地区

河北地区是白瓷的重要产地，邢窑、定窑、井陉窑均以白瓷闻名，以白地黑花最具特色的磁州窑，其主要产品亦为白瓷器。这些窑址除主流的白瓷外亦兼烧少量的黑釉瓷器，并形成自身特色。

邢窑是唐代白瓷的生产中心，其产品以白瓷为主，但一直兼烧少量的黑釉瓷器。邢窑黑釉瓷器隋代即已出现，数量很少；唐早期数量增多，黑釉乌黑光润，部分器物釉下施白色化妆土；中唐是邢窑的鼎盛时期，黑釉器类丰富，均为粗瓷器，出现与白釉结合的上白釉下黑釉器；晚唐五代黑釉瓷以粗瓷为主，开始走向衰落。到了金代，邢窑生产发生了三个大的变化：一是生产中心从内丘转移到了临城；二是白瓷质量显著下降；三是白瓷虽然仍为主流，但黑釉瓷器的比例有较大提升。2003 年与 2012 年内丘窑址、2011 年临城窑址的发掘已在《白瓷窑址考古新进展》一文中介绍，此处仅介绍最近公布的临城

---

[1] 李桂阁：《河南内乡邓窑及邓窑瓷器》，《中原文物》2009 年第 6 期。
[2] 李桂阁：《河南南召县杜窑台瓷窑遗址的初步调查》，《华夏考古》2014 年第 4 期。

山下窑址发掘材料。

2013 年，"南水北调"中线工程施工过程中在临城县城东山下村发现了大量瓷片，河北邢窑博物馆遂对窑址区进行了抢救性发掘。产品以白釉瓷器为主，黑釉瓷器次之。从器物特征和粘连情况看，装烧方法分涩圈叠烧和芒口覆烧两种。黑釉瓷多出土于 H1，少量出土于 H2，器形主要有碗、盏、钵、罐、盆、腰鼓、器盖及动物瓷塑等，以盆、罐为大宗。黑釉瓷胎质多细腻坚致，胎色偏灰；釉面多黑中泛红，器外施釉不及底，底足施护胎釉，器外局部有兔毫纹。出土的印花白瓷、刻划花白瓷、腰鼓和黑釉盏为研究邢窑在宋金时期的发展及与定窑、井陉窑和磁州窑的相互关系提供了实物资料，也为鉴别金代墓葬及遗址出土同类器物的窑口提供了有力佐证。[1]

传统认为定窑在中晚唐创烧，到元代依然有较大的规模，元代后期，成规模的瓷器生产宣告结束。产品有青黄釉瓷、细白釉瓷、化妆土白瓷、粗黑釉瓷、细黑釉瓷、细酱釉瓷。粗黑釉瓷胎色灰白或灰褐，胎质粗而坚致，含杂质较多，胎体较厚重，釉色黑或黑褐，釉面较光亮；细黑釉瓷胎白而细腻、薄而坚致，精者釉面明亮有金属光泽，比同时期的白瓷更薄更细腻，为所谓的"黑定"。此外还有部分细酱釉瓷。[2] 釉面漆黑光亮，素面为主，也见少量黑釉金彩、黑釉酱彩、结晶、凸线纹、复合釉等装饰，其中黑釉金彩为其特有的装饰品种。

2010~2016 年，通过对涧磁岭西侧区域进行多次考古调查，最终确认了定窑早期遗物的出土地点，采集到部分瓷器和窑具残片，同时将定窑创烧时间上溯至隋到初唐。这一时期的瓷器有白釉、青釉、黑釉等，以青釉瓷器为主，黑釉瓷器数量较少；器形有碗、杯、高足盘、钵、罐、瓶，以钵、碗为主；窑具发现有三叉形支钉、蘑菇形窑柱与喇叭形窑柱。黑釉瓷器多素面，一类胎薄釉润，不施化妆土；一类施白色化妆土后再上黑釉，胎色深灰，胎体厚而坚致，部分有长条或细碎开片。[3]

---

[1] 河北邢窑博物馆：《河北临城山下金代窑址发掘简报》，《文物》2018 年第 8 期。
[2] 河北省文物研究所、北京大学考古文博学院、曲阳县定窑遗址文保所：《河北曲阳县涧磁岭定窑遗址 A 区发掘简报》，《考古》2014 年第 2 期。
[3] 黄信：《河北曲阳县定窑窑址调查报告》，《华夏考古》2018 年第 4 期。

21 世纪以来磁州窑的相关工作已在《白瓷窑址考古新进展》一文中做过介绍。从峰峰矿区三工区窑址发掘情况来看，瓷器以白釉和黑釉为主，间有黄釉、绿釉、红绿彩、翠蓝釉和钧釉等，装饰上普遍使用化妆土。其产品分为五期，其中北朝至隋代产品以青釉为主，黑釉很少；唐代产品中黑釉增多，并出现少量白釉、三彩；宋代产品以白釉为主，黑釉较少；金代产品以白釉为主，黑釉次之，另有少量黄釉、绿釉和三彩；元代产品以白釉、黑釉为主，另有外黑釉内白釉、仿钧釉。[1]

井陉窑是与定窑、邢窑齐名的河北三大白瓷窑址之一，遗址位于河北省井陉县与井陉矿区，目前共发现窑址 12 处，分布面积约 102 万平方米。从目前的考古资料可知，井陉窑创烧于隋代，历经晚唐五代、北宋、金、元、明、清、民国时期，其中晚唐五代与金代是井陉窑发展的两个高峰。井陉窑的黑釉、酱釉等颜色釉瓷器制作精美，其中剔花填彩、戳印填彩、刻划花填彩等装饰工艺独具特色。在 12 处窑址中烧造黑釉瓷器比例较高的有北横口、南横口、北陉、东窑岭等窑址。

北横口窑址时代可早至北宋末期，延及金、元、明、清、民国时期。采集遗物器类单一，主要为黑釉盘、罐、盆等，也有双色釉的碗，胎釉质量较差。

南横口窑址时代为金、元、明、清、民国时期。晚期文化层中主要为黑釉碗、盘、罐，以及双色釉碗等，浅灰胎较坚致，黑釉泛酱色，较光亮。

北陉窑址时代为隋、晚唐五代、宋、金时期。采集的标本有黑釉器和化妆土白瓷，黑釉瓷数量较多，多为夹细砂黄色厚胎，器类有碗、盘、罐、执壶等。

东窑岭窑址时代为晚唐至金代，采集的标本有黑釉盆、黑釉罐、白釉碗和环形支圈等。2016 年 5 月，在对东窑岭村村东土路进行拓宽与硬化施工中发现灰坑 4 个，井陉窑调查队对灰坑进行了抢救性清理，出土了一批金代的瓷器与窑具，尤以黑釉瓷器数量最多。通过清理可知，东窑岭窑址在金代以生产黑釉、酱釉、双色釉等颜色釉器物为主。黑釉类的碗、盏、盆等数量最多，胎色偏灰，胎体坚致，黑釉光亮。

此外，天护—冯家沟窑址、梅庄窑址、城关窑址、河东坡窑址也发现有

---

[1] 邯郸市文物保护研究所、峰峰矿区文物保管所：《河北邯郸临水北朝至元代瓷窑遗址发掘简报》，《文物》2015 年第 8 期。

黑釉瓷器，器形有碗、盘、瓶、炉、枕等，胎体较坚致，黑釉较光亮。[1]

五、山东地区

山东地区的黑釉瓷产地主要集中在淄博窑和枣庄中陈郝瓷窑址。其中淄博窑是淄博南部淄川、博山境内 20 余处窑址的总称，始于北朝，经隋唐宋金、元明清，延至民国时期。[2]20 世纪经过调查或发掘的窑址主要有淄博窑系的寨里窑[3]、磁村窑[4]、坡地窑[5]、大街窑[6]以及枣庄中陈郝瓷窑址[7]。

21 世纪以来的窑址考古工作较少，主要是关于磁村窑的一些零星调查。2006 年，故宫博物院古陶瓷工作者再次对磁村窑进行了调查[8]，从采集的瓷片标本看，釉以白釉、黑釉和酱釉为主，也有少量青釉和茶叶末釉等，器形有碗、盘、盆、缸、钵、壶、瓶、罐、炉等，年代以金代为主。其中茶叶末釉主要见盘和罐类器物。酱色釉有两种颜色，一种发红，一种与"紫定"接近，胎体均极薄，施釉光亮。黑瓷种类较丰富，既有乌黑光亮的纯黑釉器物，也有黑中带褐的橘皮薄釉，还有天蓝、油滴等窑变釉，以及黑釉贴花、黑釉起线（"粉杠"）、黑釉铁锈红等装饰花釉器物。纯黑釉器物胎白且薄，是黑釉瓷中的精品，与之相比，装饰黑釉瓷大多胎体较厚，胎色呈灰色或土黄色。磁村窑于唐代盛烧黑釉瓷器，金代为其鼎盛时期，金代瓷器装饰手法受相邻的磁州窑系窑口影响较大。磁村窑在吸收其他瓷窑制瓷技术的基础上逐渐形成了自己的特色，如其黑釉起线纹的起线为白色，线条粗且有立体感，器内施釉，内底刮釉，与河南地区生产的同类器物有明显区别。

[1] 河北省文物研究所、井陉县文物保护管理所：《井陉窑遗址考古调查勘探报告（上）》，《文物春秋》2017 年第 4 期；河北省文物研究所、井陉县文物保护管理所：《井陉窑遗址考古调查勘探报告（下）》，《文物春秋》2017 年第 5 期。
[2] 杨君谊：《淄博窑系起源与形成原因考》，《装饰》2016 年第 12 期。
[3] 山东淄博陶瓷史编写组、山东省博物馆：《山东淄博寨里北朝青瓷窑址调查纪要》，《中国古代窑址调查发掘报告集》，文物出版社，1984 年。
[4] 山东淄博陶瓷史编写组：《山东淄博市淄川区磁村古窑址试掘简报》，《文物》1978 年第 6 期。
[5] 淄博市博物馆：《山东淄博坡地窑址的调查与试掘》，见文物编辑委员会编《中国古代窑址调查发掘报告集》，文物出版社，1984 年。
[6] 贾振国：《淄博市博山大街窑址》，《文物》1987 年第 9 期。
[7] 枣庄市博物馆等：《山东枣庄中陈郝瓷窑址》，《考古学报》1989 年第 3 期。
[8] 董健丽：《山东淄博磁村窑址调查》，《中原文物》2010 年第 3 期。

六、宁夏地区

宁夏地区烧造黑釉瓷的窑址主要有灵武县磁窑堡、回民巷、石沟驿和贺兰县插旗口等[1]，其中规模和质量以磁窑堡窑和回民巷窑为最。

磁窑堡窑址创烧于西夏时期，元代仍在烧造，于20世纪80年代调查和发掘，清理了四座窑炉及作坊遗迹，采集和出土了大量瓷器和窑具标本，以黑釉剔刻花梅瓶最具特色（插图二；彩图二三：3）。[2]

回民巷窑址于1987年调查发现，位于磁窑堡镇回民巷村西侧的山梁上，距磁窑堡窑址约4千米。1997年，为配合陕宁天然气输气管道工程施工，宁夏回族自治区文物考古研究所与灵武市文物管理所联合对回民巷窑址进行了

插图二　磁窑堡窑址远景

[1] 李进兴：《西夏瓷》，宁夏人民教育出版社，2016年。

[2] 中国社会科学院考古研究所内蒙古工作队：《宁夏灵武县磁窑堡瓷窑址调查》，《考古》1986年第1期；中国社会科学院考古研究所内蒙古工作队：《宁夏灵武县磁窑堡瓷窑址发掘简报》，《考古》1987年第10期；中国社会科学院考古研究所内蒙古工作队：《宁夏灵武窑》，紫禁城出版社，1988年。

抢救性清理，发掘简报于 2002 年发表。发掘面积约 182 平方米，发现窑炉 2座、灰坑 3 个，出土文物 2000 余件。出土瓷器釉色以黑、褐、青居多，白釉次之，另有少量姜黄色釉。器形以碗、盘为主，风格与磁窑堡窑第一期同类器基本一致，如碗、盘等圈足器挖足较深，足内壁倾斜或有棱；施釉较薄，器物外壁多挂半釉；白釉碗、盘内底有砂圈，其他釉色器物均有涩圈；胎体近口处薄，近底处厚重；胎多呈灰白色，个别呈浅黄色；大量使用匣钵装烧，装烧方式有覆烧、支圈正烧法等。回民巷窑早期不见白釉瓷，黑釉器多素面，但纯黑釉并不多，有的介于黑褐之间，有的发棕色；装饰技法有少量印花，几乎不见剔刻花，六棱碗、六棱盘为其特色器形，受陕西耀州窑的影响较大。与磁窑堡窑址相比，回民巷窑址出土瓷器装饰较简单、粗糙，因而时间上可能略早。[1]

21 世纪以来，宁夏地区的瓷窑址考古工作主要是调查，如故宫博物院、中国国家博物馆等单位分别对磁窑堡、回民巷和中卫下河沿等窑址进行了调查，采集的标本为研究宁夏、内蒙古、甘肃、青海等地出土的西夏瓷器提供了珍贵的实物资料，[2] 但总体上没有突破以往的认识。

七、收获与认识

1. 北方地区黑釉瓷器面貌的变化

北方地区的黑釉瓷器，从唐宋到金元时期存在两个方面的巨大变化：在器形上，唐宋时期与同窑烧造的青瓷、白瓷基本一致，金元时期仿建窑的束口盏成为重要产品之一（彩图二三：4）；在釉色上，唐宋时期多呈较润泽的亚光状，玻璃质感不强，而金元时期玻璃质感极强并泛一种金属光泽，这与宋以后北方窑场普遍用煤作为燃料有重要关系。

---

[1] 中国社会科学院考古研究所内蒙古队：《宁夏灵武县回民巷瓷窑址调查》，《考古》1991 年第 3 期；宁夏回族自治区文物考古研究所、灵武市文物管理所：《宁夏灵武市回民巷西夏窑址的发掘》，《考古》2002 年第 8 期。

[2] 吕战龙：《宁夏灵武市磁窑堡、回民巷古瓷窑遗址考察纪要》，《故宫博物院院刊》2006 年第 4 期；张燕：《宁夏下河沿窑考察》，《文物春秋》2007 年第 1 期；李进兴：《中卫下河沿窑址》，《东方收藏》2014 年第 7 期。

2. 南北方黑釉瓷器的技术交流

目前全国范围内出土黑釉瓷的地区主要集中在以陕晋豫冀鲁为代表的北方地区、以建窑和吉州窑为代表的闽浙赣地区以及以涂山窑、广元窑、金凤窑为代表的巴蜀地区，在地理上基本呈三足鼎立之势。毋庸置疑，闽浙赣地区黑釉瓷的兴起与建窑的兔毫纹以及吉州窑的木叶纹等工艺的流行有关。北方地区在唐代已有较大规模的黑釉瓷生产，随着北宋末期流行风尚的变化，在已有的经验和基础上老窑新烧，重放异彩。巴蜀地区则较为复杂，既有大量仿建窑的产品，又表现出较强的耀州窑风格。陈丽琼先生曾针对四川、重庆黑釉瓷与耀州窑黑釉瓷的关系进行过讨论，认为两地的产品具有一脉相承的渊源关系，同时提出了耀州窑黑釉瓷技术的传播路线，即陕西耀州窑工匠在南迁时将制瓷技术带到四川，对广元窑产生影响，广元窑在吸收耀州窑黑釉瓷的烧制技术后，又通过嘉陵江航运通道将其扩散至重庆涂山窑[1]。至于四川、重庆的仿建窑类产品究竟是模仿陕西耀州窑的仿建产品，还是直接受福建建窑影响尚待商榷。从窑炉结构、燃料以及产品特征来看，巴蜀地区的窑业明显受耀州窑影响较大。此外，位于巴蜀地区与闽赣地区之间的湖南、湖北地区目前发现的烧造黑釉瓷的窑址较少，或许表明闽赣地区黑釉瓷并未经两湖地区向巴蜀地区传播。

（本文与郝雪琳合写，原刊于《文物天地》2019 年第 10 期）

---

[1] 陈丽琼：《浅谈耀州黑釉瓷与重庆、四川黑釉瓷的关系》，见《古代陶瓷研究》，重庆出版社，2001 年。

后　记

2018年春，《文物天地》李珍萍女士约我撰写"21世纪以来瓷窑址考古的新进展"系列文章，对全国瓷窑址考古新成果进行系统介绍，并在杂志上连载。当时我硬着头皮贸然答应，但是对能写到什么程度，是否能完成一年之约，心里并没有底。

2018年夏，我的职业生涯发生重大转变，从浙江省文物考古研究所调入复旦大学任教，工作重心由以田野考古发掘、资料整理与研究为主转变为以教学与科研为主。骤然离开繁重又烦琐的野外考古工作，加之教学工作的需要，让我有时间、有必要对全国的瓷窑址工作进行重新审视。由此，借着《文物天地》之约，我以窑系、风格为主轴，对全国的瓷窑址工作进行了比较全面的梳理，同时对21世纪以来取得的成果进行了初步总结。

21世纪以来的近20年，瓷窑址考古研究取得了丰硕的成果。这一时期最大的特征，就是以课题为导向进行主动性的考古发掘与研究，在瓷器起源及其早期发展、青花瓷起源及其早期发展、白瓷起源及其早期发展、青白瓷起源及其早期发展，以及越窑、龙泉窑、邢窑、定窑、汝窑、长沙窑、钧窑等国内著名窑场的时空格局等陶瓷史重大学术问题上均取得了重要突破。本书主要以瓷窑址野外考古发掘取得的成果为主体进行梳理，而非对陶瓷考古研究新进展的总结，后者更加丰富而庞杂，是日后进一步工作的方向。

本书汇集了2018~2019年在《文物天地》发表的文章12篇，重新进行了编辑加工，部分内容因考古新成果的出现而进行小的调整。在杂志上的文章是以一种碎片化的形式出现，而本书则一方面希望可以全景式地展示21世纪以来瓷窑址考古工作的成果，另一方面也希望能更全面地反映我的学术思路，"1+1"是大于2的。

　　写作过程中得到了江西省文物考古研究院张文江，景德镇陶瓷考古研究所张建新、刘龙，湖南省文物考古研究所高成林、张兴国、杨宁波，福建省博物院栗建安、羊泽林，广东省文物考古研究所李岩，广州市文物考古研究院陈馨，广西文物保护与考古研究所何安益，成都博物院黄晓枫，河北省文物研究所黄信，河北省文物鉴定中心孟耀虎，河北省博物院申献友，山西省文物考古研究所王晓毅、曹俊，山西大学谢尧亭，河南省考古研究院孙新民、赵文军，陕西省考古研究院禚振西、王小蒙，宁夏文物考古研究所白婷婷，南开大学于陆洋，邢台学院张志忠，以及北京丽莉、山西周晓晨、河北李怀林父子、河南刘志军和朱钰锋等诸多师友的鼎力支持，他们在考察中提供了极大的便利。张文江、羊泽林、黄晓枫、何安益、赵文军、黄信、张兴国、杨宁波等师友还提供了部分野外与器物照片。在此一并表示衷心的感谢。

　　我在浙江工作了 20 多年，浙江省文物考古研究所为我的学术成长提供了重要的平台，衷心感谢所领导与同仁们多年的关心与帮助，同时也感谢浙江诸市、县师友们在长期考古工作中给予的无私支持。

郑建明

2019 年初秋于龙泉瓯江畔

1. 德清火烧山窑址出土筒形卣

2. 德清亭子桥窑址出土大型器座

3. 湖州南山窑址出土商代原始瓷罐

4. 湖州瓢山窑址出土夏商原始瓷器

5. 萧山鞍山窑址出土战国原始瓷器

1. 德化辽田尖窑址出土原始瓷标本

2. 武夷山竹林坑窑址原始瓷标本

彩图二

1. 大园坪窑址瓷片标本

2. 凤凰山窑址出土蛙形器

3. 凤凰山窑址出土樽

4. 余杭石马圤窑址出土黑釉盘口壶

5. 小马山窑址出土青釉碗与化妆土

6. 低温釉陶簋

1. 馒头山类型产品

2. 珠湖类型产品

彩图四

1. 小陆岙类型产品

2. 禁山类型产品

彩图五

1. 使用瓷质匣钵装烧的秘色瓷净瓶

2. 法门寺地宫出土的秘色瓷净瓶

3. 低岭头窑址支钉垫烧乳浊厚釉器物

4. 上虞窑寺前地区出土的青瓷

5. 东钱湖出土的北宋越窑青瓷盘

6. 武义陈大塘坑窑址出土的北宋青瓷盘

彩图六

1. 浦江出土的北宋青瓷灯

2. 温州地区出土的唐代青瓷褐彩执壶

3. 德清出土的隋至初唐黑釉碗

4. 吕步坑窑址出土的隋至初唐碗

5. 江西乐平南窑出土的唐代执壶

6. 江西乐平南窑出土的南宋唐代玉璧底碗

1. 南宋早期乳浊釉瓶

2. 大窑薄胎厚釉黑胎青瓷

3. 金村刻划花青瓷

1. 溪口瓦窑垟黑胎青瓷

2. 石隆黑胎青瓷

3. 枫洞岩明代早期青瓷盘

4. 瓦窑路窑址八角盏

1. 相州窑隋代青瓷

2. 耀州窑宋代青釉盖

3. 清凉寺窑址出土的临汝窑青瓷

4. 汝窑炉

5. 汝窑素烧器

1. 隋巩义窑白瓷杯

2. 隋相州窑白瓷杯

3. 北宋后期定窑白瓷瓶

4. 五代定窑白瓷盘

6. 定窑"尚药局"白瓷盒

5. 金代后期定窑白瓷碗

7. 景德镇五代白瓷碗

《唐代高温加彩瓷窑址考古的新进展》

1. 长沙窑发掘现场瓷器出
   土状况

2. 长沙窑发掘出土的褐彩瓷盘子

3. 邛三彩盘

彩图一二

1. 鲁山段店窑花瓷腰鼓

2. 鲁山段店窑花瓷与黑
   釉瓷器

3. 鲁山段店窑花瓷器

1. 越窑褐彩熏炉

3. 瓯窑青釉褐斑水盂

4. 德清窑青釉褐斑罐

2. 婺州窑青釉褐斑盘口壶

5. 江西南窑青釉褐斑罐

1. 临水三工区出土红绿彩瓷器

2. 彭城半壁街窑址出土瓷器

3. 冶子窑址出土元代瓷器

4. 乡宁土圪堆窑址的白釉黑花瓷器

彩图一五

1. 井陉窑点彩类装饰

2. 井陉窑黑釉加彩瓷器

彩图一六

1. 吉州窑黑釉剔花填彩梅瓶

2. 吉州窑白地釉下彩绘罐

3. 衡山窑粉地彩釉绘花瓷器

4. 两弓塘窑址出土绘彩瓷扁腹壶

5. 南宋青瓷褐彩双系壶

6. 窑田岭窑出土腰鼓

1. 湘湖流域出土的五代
   白瓷、青灰釉瓷与窑
   具

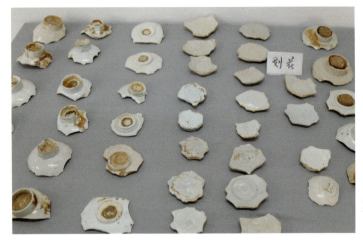

2. 北宋晚期湖田窑青白
   瓷器

3. 北宋晚期湖田窑漏斗
   状匣钵与泥饼

1. 赣州七里镇窑址出土的青白瓷器

2. 闽清义窑青白瓷碗

3. 福建碗碟墩一号窑址出土青白瓷碗

4. 福建建宁县澜溪窑址出土青白瓷碗

1. 湖南益阳羊舞岭窑址出土青白瓷器

3. 龙泉坪岙头窑址采集的青白瓷器

2. 泰顺窑址出土刻划花青白瓷器

4. 天目窑址出土瓷器标本

1. 东阳巍山土墩墓出土杯

2. 瑞安出土原始瓷黑釉罐

3. 江山肩头弄墓葬出土着黑陶壶

4. 上虞帐子山窑址汉代黑釉瓷器

5. 德清荷花湖窑址出土东汉黑釉器物

彩图二一

1. 德清小马山窑址出土东晋黑釉盘口壶

4. 庆元潘里垄窑址出土黑釉盏

5. 龙泉东区采集的黑釉盏

2. 德清墅元头窑址出土黑釉盘口壶

6. 江山应家山窑址出土黑釉盏

3. 庆元潘里垄窑址出土黑釉盏

7. 临安天目窑址出土黑釉盏

1. 界庄窑址采集的黑釉盏

2. 界庄窑址采集的黑釉剔花标本

3. 磁窑堡窑址现场的黑釉标本

4. 耀州窑黑釉盏

彩图二三